政府债务研究

李猛 著

上海人民出版社

目　录

导　论

第一节　研究背景

政府债务扩张其实并非某一国家之特有现象，实则是各个国家普遍面临的难题（见图 1）。当然，全球债务的发展演变并非简单地线性递增，而是呈现出了一条 V 形走势：在第二次世界大战结束后至 20 世纪 70 年代中期，政府负债率快速地下降；70 年代中期以来，政府负债率不断地攀升。进一步地看，不同国家的债务还表现出了轻重缓急之分。比较而言，发达经济体的债务走势更加接近于 V 形。深究下去，这条看似平淡无奇的 V 形债务走势背后，却隐藏着一个理论和实践谜团：为什么政府负债率没随着“大政府”而上升，也没随着“小政府”而下降？

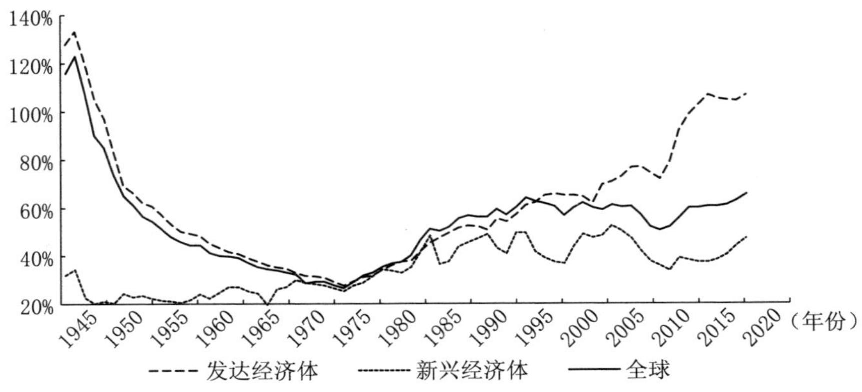

图 1　发达经济体与新兴经济体的政府负债率走势

资料来源：国际货币基金组织。

V 形债务走势是一个待解之谜，解开这一谜团将有助于我们认清债务“从哪里来”、“到哪里去”等问题，进而提高治理措施的绩效。当然，要想彻底地解释清楚政府债务的 V 形走势并不容易，这就需要一个贯通的理论，而不能将负债率下降的原因解释为 A 因素、将负债率上升的理由解释为 B 因素，因为那样就缺乏了理论的连贯性。需要强调的是，如果把政府负债率先降后升的原因简单地归结于政府监管从加强到放松的转变，恐怕是难以触及问题的本质性缘由的。这是因为，政府监管属于上层建筑，尽管它会反作用于经济基础，但从根本上看，还是由经济基础决定的。换言之，在政府监管变化的背后，必定还有着更深层次因素的存在。本书旨在剖析推动政府债务扩张的共性因素和个性因素，进而为甄别文献中流行的债务治理措施如经济增长、财政紧缩、通货膨胀、债务核销、资产重组、金融抑制等（Reinhart 和 Rogoff，2010）的精准性和有效性提供一个参考依据。

第二节 研究内容

本书由导论和七章正文组成。其中，第一章沿着马克思主义政治经济学的分析框架，试探性地研究推动政府债务演变的深层次因素。内容包括，现有马克思主义理论解释力的不对称性，劳资关系影响债务走势的机理，一个动态面板模型分析，等等。

第二章从经济服务化的视角分析政府债务膨胀问题，内容包括，产业与债务的关联性，基于鲍莫尔模型的理论推演，基本回归和稳健性检验，对中国现实的补充讨论。

第三章从城市化的视角分析政府债务的膨胀，并探讨财政支出结构在其中的桥梁作用。内容包括，从以城为本到以人为本，典型事实和待检验命题，数据来源、计量方法和结果，对传导机制的延伸探讨。

第四章基于经合组织（OECD）国家的数据，实证分析了世界“减税潮”的基本特征及其对政府收入的影响，以厘清一些似是而非的流行观点。内容包括全球税收发展基本趋势，对拉弗效应的再认识，对现有税收理论的反思，对转嫁性减税的解释。

第五章回顾新中国成立以来地方融资渠道的演变历程，根据央地间财政关系和金融关系的调整变化，划分地方融资渠道的阶段性转换。内容包括，理性看待主权信用评级，政府债务的喜和忧，地方变相举债行为新动向，地方融资渠道的发展脉络。

第六章从民间资金大规模地脱离了实体经济的角度，解释系统性金融风险出现的突变。内容包括，P2P 因何突现“爆雷潮”，研究假设：金融风险出现了突变，风险突变的若干典型事实，风险突变的政治经济学逻辑。

第七章从增强实体经济融资能力的角度，剖析债务风险的防范问题。内容包括，贸易摩擦与科创紧迫性，区域一体化与科创必要性，科技创新链条的瓶颈，政府定位：“有限”且“有为”，完善科技创新链条的思考。

第三节　主要结论

一、趋势

当前，政府债务攀升不是某一国家特有现象，而是各国普遍面临的问题，全球债务风险正处于节节攀升的大通道之中。这意味着，我们在化解债务风险过程中面临的实际上是两类问题：一类是个性问题，即在改革开放和社会主义现代化建设实践中出现的特有问题；另一类是共性问题，即在不同的经济模式和资源配置方式下都会出现的普遍问题。值得注意的是，当前对于个性问题的讨论比较热烈，但对于共性问题反而关注不够。为什么债务扩张会成为一个全球性问题？为什么发达经济体和新兴经济体债务风险的侧重点又有所不同？一个基本的判断是，世界经济和人口结构出现了系统性变化，引起了若干症状，而债务问题仅仅是其中之一。同时，由于各国处于不同的发展阶段，其系统性变化的步调并不一致，债务症状便有了轻重缓急之分。

值得注意的是，全球公共债务的发展演变并非简单地线性递增，而是呈现出一条难以直接套用现有理论来解释的V形走势：在凯恩斯主义经济学走红之际，公共负债率在“大政府”下反而快速下降；在新古典主义经济学泛滥之时，公共负债率在“小政府”下竟然不断攀升。在解开谜团时，本书紧扣劳资关系这一核心问题，这是因为：“资本和劳动的关系，是我们现代全部社会体系所围绕旋转的轴心。”本书通过研究发现，劳资关系出现了趋势性转折，进而推动形成了政府债务的V形走势：在劳方地位强化阶段，实际工资增长速度快于劳动生产率，生产相对过剩问题并不突出，并且上层建筑表现为“加强管制”，政府负债率相应地由高变低；在劳方地位弱化阶段，劳动生产率飙升，而实际工资停滞，同时，上层建筑的体现是“放松管制”，日益突出的生产相对过剩问题被以家庭债务的形式隐藏了起来，并部分地转化成公共债务。

对于债务杠杆从家庭部门向公共部门转移、转化的途径，本书从经济活动和人口分布的结构性变化展开进一步研究。在经济服务化进程中，生产要素总体上是从生产率较高的部门流向生产率较低的部门，全社会生产率增速进入下降通道，而生产成本则进入上升通道，企业、居民和政府的支出扩张速度快于收入汲取速度，并引发有效需求不足、投资率下降等若干次生问题。当前，发达经济体的经济服务化已处于完成时，而新兴经济体正处于进行时，其暴露的企业债务风险反映了收入能力和支出能力的消长，可以进一步从产业结构转换上找到深层原因。在人口城市化进程中，政府将财政支出重心从经济事务转向社会性事务，公共部门生产率增速因此进入下降通道，而公共支出具有刚性增长的特点，财政便出现失衡。当前，新兴经济体的人口城市化尚处于由农村向城市聚集的过程，而发达经济体已经进入由中心城区向郊区扩散的阶段，其出现的公共债务膨胀现象与公共设施重复建设和低效运营有着分不开的关系，能够进一步从空间结构转换上找到新的答案。

当然，需要说明的是，经济服务化与人口城市化并非两条毫不相关的平行线：在经济结构调整的过程中，人口城市化对农业的优化作用、对工业的提升作用以及对服务业的带动作用十分明显，而经济结构的调整也必然需要以城市为载体，以人口城市化为依托，并对人口城市化起着重要的促进作用。换言之，经济服务化和人口城市化，如同一枚硬币的正反面，既是经济社会发展的客观规律，同时也在深层次推动了全球的债务扩张。

二、博弈

经济基础决定上层建筑，资本和劳动之间关系的趋势性转折，决定了上层建筑之间的互动博弈行为将趋于激化。近来，网络舆论场倾向于，全球范围将掀起新一轮的“减税潮”，并且，减税将由于拉弗效应而增加税收。然而，本书基于历史数据的研究结果并不支持上述流行观点：其一，减税集中表现在所得税上，但所得税税率的下降仅仅是全球税收发展趋势的一个方面，而在“硬币”的另一面，间接税的税率普遍上升。换言之，“减税潮”名不副实，实则是减税与增税并举的“税负转嫁潮”。其二，拉弗效应主要体现在全球总体层面，而非国家个体层面，一些国家在降低所得税税率后，且不说所得税占 GDP 比重下降，就连以不变价格衡量的所得税绝对规模也下降了。亦即，拉弗效应并非放之四海皆准，减税未必带来增收，政府税收增加靠的是开增新税和提高间接税的税率。全球税收发展趋势的变化，折射出深刻的政府间税收竞争，而政府间的税收竞争乃是资本和劳动之间关系转折的一个体现。政府间税收竞争的结果，使得税负越来越多地从资方向劳方转嫁。

毋庸讳言，政府间的竞争博弈并非某一国家的独有现象，但在中国，地方政府在政策执行过程中的“创造性”还是足以令世人称奇。自新《预算法》实施以来，地方政府及其所属部门的举债方式被限定于发行限额之内的地方政府债券，而不得以任何其他方式举借债务，在充分肯定债务治理成绩的同时，也应清醒地认识到，尽管规范地方举债行为的“前门”已开，但“后门”仍在，甚至一些地方还在想方设法开辟新的“后门”，比如，违法违规担保，以政府投资基金之名、以政府和社会资本合作之名、以政府购买服务之名等变相举债融资：

一是违法违规担保。根据1995年《预算法》等，除法律另有规定外，地方政府及其所属部门不得为任何单位和个人的债务以任何方式提供担保，同时，金融机构和非金融机构也不得要求地方政府违法违规提供担保。但现实中，有的地方政府依旧出现了违法违规提供担保的现象。尤其值得警惕的是，一些政府负债率高、经济基础薄弱的地方，由于固定资产投资增速高、新增地方政府债券规模小等诸多原因，资金缺口巨大，达不到大型商业银行的、相对规范的贷款条件，而只能求助于一些急于拓展业务的、相对激进的地方性金融机构或非金融机构。在此过程中，地方政府出具了五花八门的承诺函、担保函等。随着高风险的借款人与激进的贷款人的相互结合，叠加了金融风险。

二是以政府投资基金之名变相举债融资。地方政府在参与设立创新创业、中小企业发展、产业转型升级、基础设施和公共服务等各类基金时，不得向其他出资人承诺最低收益，不得承诺回购其他出资人的投资本金，不得承诺承担其他出资人投资本金的损失。但现实中，部分投向基础设施项目或非经营性项目的政府投资基金，自身现金流难以覆盖基金的本息。在此情形下，有的地方在设立政府投资基金时置“收益共享、风险共担”的基本原则于不顾，对不同出资人进行优先劣后的安排，即保证其他投资人作为优先收益，而财政资金作为劣后级对社会资金提供风险补偿，承担主要投资风险，实质上是为变相举债融资披上股权投资的“马甲”，将政府投资基金异化为债务融资平台，失去了股权投资的本来面貌。

三是以政府和社会资本合作之名变相举债融资。根据《财政部、发展改革委、人民银行关于在公共服务领域推广政府和社会资本合作模式指导意见》(国办发〔2015〕42号）等规范，地方政府不得对社会资本方进行非理性担保或承诺、过高补贴或定价，不得通过保底承诺、回购安排、明股实债等方式进行变相融资。但现实中，一些地方急于上马项目，往往承诺由政府股东或政府指定的其他机构对社会资本方股东的股权进行回购，以土地出让金、特许经营权等作为担保，向社会资本方承诺最低收益，形成实质上的债权债务关系，实现了变相的举债融资。明股实债的公私合营模式PPP，亦步亦趋地滑向“刚性兑付”的融资陷阱，与“政府和社会资本合作”的本意南辕北辙。

四是以政府购买服务之名变相举债融资。政府购买服务须先有预算、后有购买，且购买对象为特定的公共服务，包括：基本公共服务、社会管理性服务、行业管理与协调性服务、技术性服务、政府履职所需辅助性事项以及其他适宜由社会力量承担的服务事项。但现实中，一些地方在无预算的情况下，虚构政府向融资平台购买服务协议，融资平台便可以在协议中对政府应收账款向金融机构融资。一些地方把政府购买服务的范围泛化到几乎所有公共服务，甚至将融资租赁公司等非金融机构提供的融资业务也涵盖了进来，一些地方将“工程服务”或“工程”乔装成“公共服务”，给铁路、公路、机场、通信、科教文卫体、水电煤气、农田水利等领域建设工程的新建、改建、扩建、装修、拆除、修缮等披上政府购买服务外衣。

在上述几种变相举债行为当中，以政府购买服务之名变相举债融资呈现泛滥化之势。究其原因，与 PPP 相比，政府购买服务可绕开规模和流程之限。且与政府采购工程相比，政府购买服务可一定程度上规避监管，便于操作。此外，值得警惕的是，上述几种变相举债行为还出现了相互交叉的情况。比如，有些地方通过隐形回购协议，投入一笔财政资金，便设立数倍规模的政府投资基金，紧接着，再利用其新设的政府投资基金，以明股实债等方式撬动数十倍规模的 PPP 项目。在此过程中不断积聚债务风险。

当然，地方政府的债务博弈行为绝非肇始于 1995 年《预算法》的修订。此前，在治理整顿地方融资平台的过程中，一些地方政府便展现出了五花八门的变通手法。对于地方博弈行为的动机，可以归纳为两个方面：一方面，尽管中央政府通过转移支付、税收返还、专项拨款等途径将相当一部分财力返还给了地方政府，但由于财政资金“过手”的方式不够透明以及缺少健全的法律法规，一些地方的财政预期因而出现了扭曲，同时，省以下的地方政府之间并未实现分税制，而是演变为各式各样的包干制和分成制，基层政府财力十分有限且不够稳定；另一方面，地方政府投资范围过宽，其中用于公共产品和服务的支出刚性增长，并挤压了预算内用于投资建设的资金规模，在政绩考核和经济利益等因素的驱使下，地方政府往往选择通过制度外和预算外的渠道来筹集资金，用以维系其超越财力的城市基础设施建设，在“入不敷出”的压力下，禁止举债的明规则有时被普遍举债的潜规则替代了，一些地方官员甚至还形成了“不借白不借”、“债多不愁”、“借时根本没想还”等的负债发展观。诚然，厘清地方政府举债融资的主、客观原因是十分必要的。然而，若要完整描述地方政府举债融资行为的发生机制，视角不应仅仅局限于动机因素——为什么地方政府想举债，还必须着眼于能力因素——为什么地方政府能举债。回顾新中国成立以来的地方融资历程，央地间权力调整是贯穿于其中的逻辑主线：在“财政集权-金融集权”时期，地方政府缺乏举债的动机和能力；在“财政分权-金融分权”时期，金融机构监管等权限的下放导致国有银行沦为地方政府的“提款机”；在“财政分权-金融集权”时期，乱收费、卖地等制度外或预算外行为流行起来，成为地方政府在非常时期的重要依靠；在“财政分权-金融显性集权、隐性分权”时期，地方政府投融资平台的角色举足轻重，在中央政府“堵疏结合、以堵为主”的规制过程中，某些地方政府凭借着强大的要素配置权，整合了国有资产和资源，增强了平台公司的融资能力，频频介入金融市场，采取多元化、隐蔽化的举债策略。简而言之：财政分权激发了地方的举债愿望，而金融分权则将地方举债的愿望变成了现实。

三、举措

债务问题如同“成长的烦恼”，是经济转型过程中普遍出现的现象，要充分认识到这一经济规律，保持政策耐心，做好打持久战的准备。从治标的层面看，在应对债务风险时，可以采用政府承接、央行承接、债转股和不良资产证券化等杠杆转移的办法，在不同主体之间对杠杆率进行一定程度的调整，以化解短期的、局部的偿债危机，必要时可以通过财政紧缩、债务核销、资产重组等途径削减部分债务，降低杠杆率水平。从治本的层面看，要大胆创新官员的选拔、任用和激励机制，把那些想干事、能干事、敢干事的干部不拘一格地选拔到恰当的岗位上，积极发挥各级领导干部的主观能动性，在推进产业转型和城市化转型上按下快进键，让他们跑出加速度，把握好经济服务化和人口城市化的节奏和重点。具体而言要处理好两方面的关系：

一是处理好产业结构转变时“快”与“慢”的关系，解决制造业比重下滑过快的问题。现实中，制造业比重下滑过快的现象，与制造业成本总体走高有着撇不开的关系。在此情形下，扭转制造业比重下滑过快的势头，就需要进一步消除投资障碍，创新投融资方式，把资金引向新技术、新产品、新业态和新商业模式等领域，同时，积极引导企业改造产业组织方式，实现生产小型化、智能化和专业化。为此，一方面，强化法治，进一步激活民间投资。改革开放越是深入，就越应当重视法治。稳定民营企业的投资信心，必须落实保护产权政策，而其中的关键一招就是要依法办事。把平等保护贯彻到立法、执法、司法、守法等每一个环节，依法平等保护包括民营企业在内的各类市场主体产权和合法权益，构建、完善促进民间投资的法制框架，并通过贯彻实施将“法制”转变为“法治”。通过市场化手段，在法治框架内调整各类市场主体的利益关系。另一方面，开展整治，进一步打造诚信政府。开展政务失信行为专项整治行动，对于因拒不履行合法合规承诺，并导致民营企业合法权益受损的行为，无论政府是否换届、相关责任人是否更替，都要追究相关的主要负责人和直接负责人责任。当然，在处理“新官不理旧账”问题时，既要立足当下，查找分析原因，进行追责和补救，也要追根溯源，查清前任官员与企业家之间的利益纠葛并严肃惩戒，以此警示官员自觉增强责任意识，不得违法违规承诺优惠条件。

二是处理好城乡结构转变时“物”与“人”的关系，解决城市化滞后的问题。与发达国家所处城市化阶段不同，中国城市化面临的主要问题还不是由“聚集”向“扩散”转型的问题，而是如何进一步“聚集”的问题。进一步“聚集”的主要任务，便是“户籍的城镇化”和“角色的市民化”。各地已陆续出台户籍制度改革意见，虽然这些改革意见取消了农民的农业户口身份，但是并没有影响附着在农村居民背后的集体土地承包权、农村宅基地使用权、村集体经济分配权等“三权”；而非农业户口的权益主要体现在教育、医疗、就业、保险、住房等方面，过往的户籍制度改革未能根本触动。要把“人的城镇化”落到实处，应在大幅提高城市公共服务、福利和权益的水平以及均等化上下功夫，并有效消除城乡居民的身份区隔与歧视，吸引农民自主地从土地中退出来。

既然地方举债能力源自于金融分权，那么，要堵上地方举债的“后门”，适时适度收回地方的金融资源配置权必然是顶层设计的题中之意，而融资平台公司首当其冲，这也是防范系统性风险蔓延的一个基本逻辑。一是逐笔核实融资平台的存量债务。实际上，此前在甄别地方政府存量债务的过程中，一部分由融资平台替地方政府举借的债务依旧是以公司债务的形式存在，而未纳入地方政府的存量债务范围。对此，要逐笔清理核实，界定清楚融资平台存量债务的归属。对于地方政府以内部文件、会议纪要等方式委托融资平台进行的公益性项目融资，应当补签相关的合同、协议，完善相关的手续，履行相关的责任，明确融资平台与地方政府的各自权利和义务关系。二是全面取消融资平台的融资职能。地方政府融资平台公司数量众多，整体上责任主体不清晰、治理结构不完善、操作程序不规范。一些融资平台根本无法“造血”，而只是单方面的“耗血”——与实体经济争夺信贷资金，更不必说给城市发展“输血”。对此，按照法定程序撤销“空壳类”的融资平台，剥离实体类的融资平台的融资职能，推动其转型成为公益类的国有企业，成为承接公用事业、土地开发、基础设施等公益性项目的建设单位。三是严格控制公益性项目建设单位的数量。实际上，融资平台是一个统称，现实中融资平台的名称五花八门，对其进行名录管理着实有一定难度。通过各种各样的平台公司，地方政府从多家银行实现了多头举债。在剥离实体类融资平台的融资职能后，要防止其“穿新鞋、走老路”，就必须严格控制公益类项目建设单位的数量，并加强审计监督。原则上，市县“一级政府、一家公益性项目建设单位”，省级政府的公益性项目建设单位数量可适当增加。四是强化责任追究。地方政府之所以能通过融资平台屡屡违规举债，其中既有地方政府的

“明知不可为而为之”，也有融资平台的“穿针引线”，还有金融机构的“大力配合”。为此，必须全方位强化责任追究：对于地方政府继续为融资平台提供承诺或担保的，对于地方政府继续将公益性资产注入融资平台的，对于融资平台继续为政府融资的，对于国有金融机构继续为融资平台提供政府性融资的，要严格追究相关机构和人员的责任，并建立终身问责制。

地方政府之所以能够频频变相举债，既归因于自身的融资能力强大，也源于企业融资能力的欠缺。基于安全性等方面的考量，对于市场意识越来越强的金融机构和非金融机构来说，地方融资平台便如同“香饽饽”。因此，要治理地方政府的债务博弈行为，不仅需要削弱地方政府的融资能力，更需要增强实体经济对资金的吸引力。要增强实体经济的对资金的吸引力，就必须找准实践中阻碍创新驱动的真问题，对其中亟待攻克的重点领域和关键环节精准施策。本书在研究过程中发现，在科技创新的中端环节出现市场失灵，缺少大型科技中介服务企业在研发与生产之间深度挖掘、牵线搭桥，一些有价值的科研成果被湮没，一些企业的创新需求也无法得到满足，这就需要政府有所作为。然而，受认知能力和财政能力之限，促进科技创新的政策方案应是恰到好处的“小锦囊”，而非无所不包的“大箩筐”。基于新型政商关系构建、市场主体能力建设、供给侧结构性改革和国有企业改革等方面的综合考量，本书建议，既要着眼长远，深化科技体制改革，建立以企业为主体、以市场为导向的技术创新体系；也要立足当前，在新的技术创新体系构建起来之前，

“更好”发挥政府在科技成果转化中端环节的作用，推动产、学、研相互融合，提升实体经济的融资能力。具体而言，一是强化金融支撑，试点“科技成果转化信托投资基金”；二是加强体系建设，培育“科技成果转化生态系统”；三是完善产权体制，为大型科技成果转化公司“松绑”。

第四节　创新之处

本书可能的创新之处有以下几点：一是提出一个新问题——政府债务V形走势，并进行试探性解释。全球债务的发展演变并非简单地线性递增，而是呈现出一条V形走势：第二次世界大战后，政府负债率快速下降；20世纪70年代中期以来，政府负债率不断地攀升。为什么政府负债率没随着“大政府”而上升，也没随着“小政府”而下降？要彻底解释清楚这一问题，就需要一个贯通的理论，而不能将负债率下降的原因解释为A因素、将负债率上升的理由解释为B因素，那样就缺乏了理论的连贯性。在解释这一新问题的过程中，本书发现，资本与劳动关系的趋势性转折是其中关键。

二是探讨债务杠杆从私人部门转移、转化到公共部门的两条路径：在产业结构层面，经济服务化使得生产要素总体上从生产率较高的部门流向生产率较低的部门，公私部门的收入汲取能力趋于减弱；在城乡结构层面，人口城市化使得财政资金不得不从建设性项目转向社会性项目，政府资金的投资回报率由此进入下降通道。

三是研究财政支出结构在城市化进程中的转变。相关文献认为，中国城市化进程中所形成的债务对应着优良的实物资产，有着可观的经营收入作为偿债来源，与西方消费性债务有着天壤之别。然而问题在于，在城市化进程中，政府支出行为发生的是双重变化：一方面，支出规模扩张，即财政支出占比增加；另一方面，支出结构转变，即财政用于经济事务和非经济事务的资金此消彼长。深究下去，财政规模扩张和结构转变的挑战截然不同：前者所需资金或许可以通过增加财政的建设性支出、拓宽财政收入渠道等途径筹集，而后者将根本地改变公共资金的投资回报率，永久性损伤政府收入汲取能力。因此，本书改变研究路线，技术路线不是“城市化—财政规模”，而是“城市化—财政结构”。

四是从金融分权的角度来解释地方政府的债务博弈行为。学界对地方政府举债动机的研究较为透彻，但对其举债能力的讨论还显得有些缺乏，以至于规范地方举债行为的“前门”虽已开，但“后门”依旧在，甚至，一些地方正在想方设法开辟新的“后门”。回顾新中国成立以来的地方融资历程，央地间权力调整是贯穿于其中的逻辑主线：财政分权激发了地方的举债愿望，而金融分权则将地方举债的愿望变成了现实，是地方债务治理“上有政策、下有对策”的根源。本书认为，要彻底堵上地方举债融资的“后门”，就必须适当削弱地方的金融资源配置能力，并加强对地方融资行为的监管。

根据上述结论，规制地方政府的债务博弈行为，就应适度地削弱地方的金融资源配置权。然而问题在于，地方政府和地方官员在新时代要有新气象新作为，就需要保持一定的资源配置权，以发挥其积极性和主动性。在中国特色社会主义新时代，中央的“顶层设计”按下了全面深化改革的按钮，为地方政府和各类市场主体等打响了“发令枪”，但是中央的顶层设计仅仅是一个总体性部署，深化改革各项具体措施的需要交由地方政府创造性地执行，制定并推进适宜本地发展之需的政策。下一步，继续完善分权制，赋予地方活力和创造力，允许地方性秩序的生发、形成和竞争，是中央与地方关系的题中之义，也是决胜全面建成小康社会、夺取新时代中国特色社会主义伟大胜利、实现中华民族伟大复兴的中国梦的关键所在。由是观之，对地方政府的资源配置权，也不能简单地一收了之，还要适当地下放权力。那么，“上收哪些权力”“如何上收这些权力”“下放哪些权力”“如何下放这些权力”将是地方债务治理过程中绕不开的问题，需进一步地研究。

第一章　劳资关系与政府债务

第一节　V形债务走势之谜

如前所述，全球政府债务的演变呈现出一条V形走势：在第二次世界大战结束后至20世纪70年代中期，政府负债率快速地下降；20世纪70年代中期以来，政府负债率不断地攀升。深究下去，这条看似平淡无奇的V形债务走势背后，却隐藏着一个理论和实践谜团：为什么政府负债率没随着“大政府”而上升，也没随着“小政府”而下降？

一是在凯恩斯主义经济学走红之际，政府负债率在“大政府”下反而快速下降。在20世纪30年代“大萧条”余波中，凯恩斯主义与罗斯福新政不谋而合，迅速走向经济学的主流地位。凯恩斯主义经济学否定萨伊定律，认为供给并不会自动地创造出需求，认为生产过剩以及大规模失业的根源在于有效需求不足，认为在自由放任的经济政策下，价格波动使得经济陷入了周期性的通胀、萧条以及衰退之中，等等。在政策取向上，凯恩斯主义经济学主张扩大国家的经济管理权限，对经济体系运行进行深度干预。第二次世界大战后的一段时期，西方国家普遍推行凯恩斯主义经济政策，即以补偿性和增长性财政政策为主，以相机决策的货币政策为重要补充，深度干预经济，扩大社会总需求，以求充分就业和经济增长。比如，通过大手笔的公共工程建设，创造就业机会，提升居民消费能力，刺激需求侧；通过大规模的政府投资计划，加强基础设施，促进科学技术突破，改善供给侧；通过大幅度的公共福利支出，缓和阶级矛盾，改善收入再分配，稳定社会秩序；通过信贷、财政等经济杠杆诱导企业的投资和经营活动，以及对一些基础工业和私人垄断企业进行国有化，体现国家战略，优化资源配置。可以看出，凯恩斯主义经济学及其走红之际的发达政府经济管理实践，是以加强管制和强化政府干预为核心的。然而问题在于，在此过程中，政府债务为什么普遍地不升反降?

二是在新古典主义经济学泛滥之时，政府负债率在“小政府”下竟然不断攀升。在20世纪70年代“滞胀”之中，新古典主义经济学取代了凯恩斯主义经济学的主流地位，放松政府管制和推行私有化逐渐成为西方政府、企业、媒体和学界普遍认可的原则。新古典主义经济学认为，市场有其内在调节机制，能够自发地调整到理想状态，供给与需求可以自动地实现平衡，认为资源配置扭曲是由行政力量过多地介入引起的，政府对市场的干预不可避免地催生了通货膨胀、增长停滞甚至“滞胀”等低效率问题。在政策取向上，新古典主义反对国家干预，主张市场化、自由化、私有化。在实践中，发达国家经济政策与此前相比出现了一些显著的不同之处。比如，美国经济政策的首要目标从实现充分就业转变为反通货膨胀，政策重点也从总需求管理转向总供给管理，通过压缩政府预算的办法削减社会福利开支，通过严格控制货币供给量增长的办法抑制通货膨胀，通过减少企业税和个人所得税的办法刺激投资，通过放宽对企业管理规章限制的办法降低生产成本；英国掀起了私有化浪潮，一定程度上提升了生产经营效率，并减轻了政府替国企还债的压力，此外，通过钳制行业工会发展以及削减公共福利支出，为经济复苏创造了一个更有竞争性和灵活性的劳动力市场。简而言之，新古典主义经济学及其泛滥之时发达政府的经济管理实践，是以放松管制和弱化政府干预为导向的。但令人费解的是，在此过程中，政府债务又为何总体上不降反升？

第二节　现有理论解释力的不对称性

本章尝试沿着马克思主义政治经济学的框架来解释 V 形政府债务走势，主要的考虑是：马克思主义政治经济学认为危机是特定制度的必然表现，是深层次结构性矛盾导致的，而非偶然性因素如外部冲击、过度创新、道德缺失、监管缺位、政策错误等造成的，其分析框架在解释政府债务先降后升的原因时更加具备理论连贯性上的优势。

马克思指出，商品流通领域形成了债务：“一个商品所有者出售他现有的商品，而另一个商品所有者却只是作为货币的代表或作为未来货币的代表来购买这种商品。卖者成为债权人，买者成为债务人。债权人或债务人的身份在这里是从简单商品流通中产生的。”① 当然，债务并非只能形成于商品经济阶段：“古代世界的阶级斗争主要是以债权人和债务人之间的斗争的形式进行的；在罗马，这种斗争以负债平民的破产，沦为奴隶而告终。”② 债权债务关系既有和谐的一面，也有对抗的一面。从和谐的一面看，如果把债务资金与劳动、土地两大生产要素结合在一起，可以推动生产和贸易的发展，促进国民财富的增长和积累：“一个国家的人民负债越多就越富这一现代理论是完全合乎逻辑的。公共信用成了资本的信条。”③ 从对抗的一面看，如果没有把债务资金有效地用于生产和贸易，债务便无法转化为生产力，货币也就无法转化为资本，生出更多的货币，进而不能对债权人按期还付本息，最终形成了债务的恶性循环：“在使用货币购买商品之后，出现了货币借贷，随着货币借贷出现了利息和高利贷。后世的立法，没有一个像古雅典和古罗马的立法那样残

① 《资本论》第 1 卷，人民出版社 2004 年版，第 159—160 页。

② 《资本论》第 1 卷，人民出版社 2004 年版，第 160 页。

③ 《资本论》第 1 卷，人民出版社 2004 年版，第 865 页。

酷无情地、无可挽救地把债务人投在高利贷债权人的脚下”。[①]

马克思认为，与私人债务比起来，政府债务是商品经济条件下信用制度高度发展的产物：“公共信用制度，即国债制度，在中世纪的热那亚和威尼斯就已产生，到工场手工业时期流行于整个欧洲。殖民制度以及它的海外贸易和商业战争是公共信用制度的温室。所以它首先在荷兰确立起来。国债，即国家的让渡，不论是在专制国家，立宪国家，还是共和国家，总是给资本主义时代打下自己的烙印。”[②]政府债务与殖民制度、税收制度、商业战争等一起，都成长于特定的发展阶段：“殖民制度、国债、重税、保护关税制度、商业战争等等——所有这些真正工场手工业时期的嫩芽，在大工业的幼年时期都大大地成长起来了。”[③]从作用看，政府债务是一种融资手段，加速了资本原始积累，是资本主义制度形成和发展过程中的一个重要推动力量：“公债成了原始积累的最强有力的手段之一。它像挥动魔杖一样，使不生产的货币具有了生殖力，这样就使它转化为资本，而又用不着承担投资于工业，甚至投资于高利贷时所不可避免的劳苦和风险。国家债权人实际上并没有付出什么，因为他们贷出的金额变成了容易转让的公债券，这些公债券在他们手里所起的作用和同量现金完全一样。”[④]从性质看，政府债务是国家政权参与社会产品分配的一种形式，体现了资本主义社会的剥削性：“公债和

① 《马克思恩格斯选集》第4卷，人民出版社2008年版，第167页。

②④ 《资本论》第1卷，人民出版社2004年版，第865页。

③ 《资本论》第1卷，人民出版社2004年版，第868页。

与之相适应的财政制度在财富的资本化和对群众的剥夺中所起的重大作用。”[①]“于是就出现了这样产生的有闲的食利者阶级，充当政府和国民之间中介人的金融家就大发横财，每次国债的一大部分就成为从天而降的资本落入包税者、商人和私营工厂主的手中。”[②]而利益受损的一方，当属工人群体：“国债是依靠国家收入来支付年利息等等开支，所以现代税收制度就成为国债制度的必要补充。”[③]“国家用课税的办法向工人阶级榨取金钱来支付这些款子。这样，人民便给自己的压迫者做了保人，使那些借钱给压迫者的人放心借钱给他们压迫人民。”[④]

马克思的政府债务理论对于认识问题的本质，具有重要的价值。当然，资本主义经济在第二次世界大战后出现了一些前所未有的变化，尤其是国家强力地干预了经济运行，在扶持或打击工会、国有化或私有化、扩张或削减福利开支等方面所发挥了重要的作用。关于这一点，马克思本人不可能完全预见到，因而其对债务的描述也就很难直接用来阐释当今时代政府债务的风云变幻。对于国家在经济发展过程中的角色演变以及相应的财政收支变化，此后的马克思主义学者进行了一些有益的探索。然而，现有的马克思主义理论成果，尚无法直接拿来解释政府债务V形走势之谜。究其原因，马克

① 《资本论》第1卷，人民出版社2004年版，第867页。
② 《资本论》第1卷，人民出版社2004年版，第865页。
③ 《资本论》第1卷，人民出版社2004年版，第866页。
④ 《马克思、恩格斯全集》第9卷，人民出版社2008年版，第50页。

思主义危机理论能够深刻地解释经济为何从繁荣走向萧条，但对萧条如何转为繁荣的原因却难以形成共识。比如，工资推动论认为，繁荣时期就业机会增加，导致工资上涨，进而挤压了利润，引发了萧条；萧条时期失业情况增多，劳方的薪酬谈判能力弱化，结果利润上升，并催生了繁荣。比例失调论认为，繁荣时期生产无序状态导致各部门、各行业生产比例失调，社会再生产难以为继，于是爆发经济危机；萧条时期资本大规模重构，商品出现了供不应求，从而价格和利润上升，经济开始走向复苏。不可否认，工资推动论和比例失调论在众多马克思主义理论流派中相对完整地解释了复苏、说明了萧条，但仍然存在着明显的漏洞：根据工资推动论，如果工人被劝说在薪酬上保持克制，那么，经济似乎可以无限地繁荣下去；根据比例失调论，既然资本可以自动纠正自己的行为，那么，经济全面衰退并非不可避免，经济危机便沦为了偶然性事件。毫无疑问，缺乏一个有说服力的对经济复苏进行系统性阐述的理论，是马克思主义政治经济学的一个重大缺憾（Dunn，2011）。具体到债务问题上，其解释力的这种非对称性，容易使得人们形成这样的错觉：政府债务只应该“由少到多”，而绝不应该“由多到少”。本章认为，无论是政府债务的收缩，还是政府债务的扩张，都是经济基础内在决定的，而不应被视为偶然因素造成的。理论要经得起推敲，就必须在内在逻辑上保持一致性：既要说明白政府债务的扩张——危机是如何发生的，又要回答政府债务的收缩——危机是如何被摆脱的。如果把债务危机的发生看成必然，而把债务危机的缓和看成偶然，将失去马克思主义理论应有的严谨性。

第三节　劳资关系的影响机理

沿着马克思主义政治经济学的分析框架探寻政府债务走势的脉络，需要紧扣劳资关系这一核心问题，“资本和劳动的关系，是我们现代全部社会体系所围绕旋转的轴心”。[①] 马克思认为，资本主义劳资关系在形式上具有一定的平等性，但在实质上是不平等的，暗含着资本对劳动的剥夺。尽管从形式上看，工人可以通过工会同资本家进行谈判、博弈或斗争，通过政府、工会和企业三方协调机制或者劳动法律规范来合法地争取自身利益，以至于“是资本雇佣劳动，或者劳动雇佣资本，两者并无根本差别”之说（Samuelson，1957）非常流行。然而，当视野一旦离开了交换环节，进入生产和再生产环节后，将会清晰地发现劳资双方的地位其实是不平等的。从实质上看，工人出卖的不是劳动，而是劳动力。资本家支付了劳动力的价值，同时还获得了劳动力的使用价值：“要从商品的使用上取得价值，我们的货币所有者就必须幸运地在流通领域即在市场上发现这样一种商品，它的使用价值本身具有成为价值源泉的特殊属性，因此，它的实际使用本身就是劳动的物化，从而是价值的创

① 《马克思恩格斯选集》第 2 卷，人民出版社 2008 年版，第 589 页。

造。货币所有者在市场上找到了这种特殊商品，这就是劳动能力或劳动力。”[①] 劳动力不仅能创造出自身的使用价值，即资本家支付给工人的工资，还能创造出大于自身的、被资本家无偿占有的价值，即剩余价值。工资是劳动力的价值和价格的转化形式，掩盖了真实的资本主义剥削关系，造成了工人的自由幻觉及其与资本家相互平等的法的观念：“工资的形式消灭了工作日分为必要劳动和剩余劳动、分为有酬劳动和无酬劳动的一切痕迹。全部劳动都表现为有酬劳动。”[②] “因此可以懂得，为什么劳动力的价值和价格转化为工资形式，即转化为劳动本身的价值和价格，会具有决定性的重要意义。这种表现形式掩盖了现实关系，正好显示出它的反面。工人和资本家的一切法权观念，资本主义生产方式的一切神秘性，这一生产方式所产生的一切自由幻觉，庸俗经济学的一切辩护遁词，都是以这个表现形式为依据的。”[③]

那么，劳资关系在现实中究竟发生了什么样的变化，其中原因到底又是什么？为直观地展示这一变化，图 1-1 给出了当今世界最大的经济体——美国的制造业剔除价格因素的单位小时实际工资和劳动生产率变动情况。可以看出，第二次世界大战后至 20 世纪 70 年代中期，美国制造业实际工资增长速度快于劳动生产率；20 世纪 70 年代中期以后，美国制造业劳动生产率快速飙升，但实际工资停

① 《资本论》第 1 卷，人民出版社 2004 年版，第 190 页。
② 《资本论》第 1 卷，人民出版社 2004 年版，第 590 页。
③ 《资本论》第 1 卷，人民出版社 2004 年版，第 619 页。

滞不前，甚至有所回落。实际工资的趋势性变化，映射了劳资关系的重大转折。要厘清其中缘由，就需要在实践中深刻地理解马克思的工资理论：

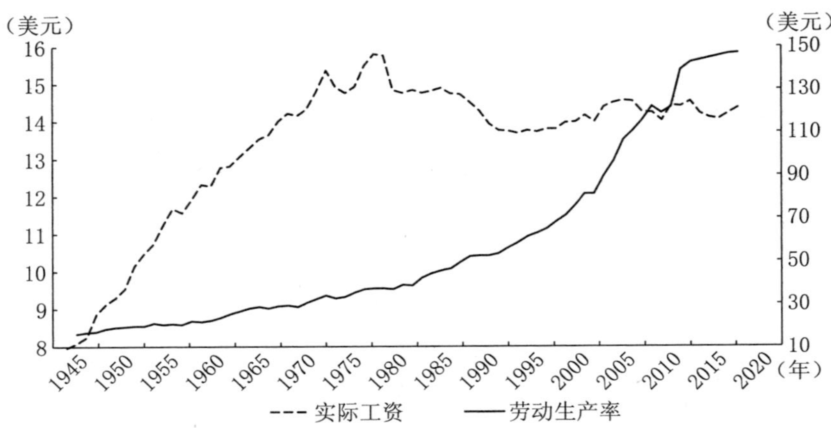

注：左纵轴为实际工资，右纵轴为劳动生产率，单位为美元。

图 1-1　美国实际工资与劳动生产率的趋势性变化

资料来源：联邦储备经济数据库。

一方面，马克思在其资本积累理论中提出，资本有机构成的提高造就了一支绝对隶属于资本，并且随时可供剥削的产业后备军，这支产业后备军在经济繁荣时期相对收缩、在经济萧条时期相对膨胀，相应地，工资水平围绕劳动力价值波动，具体取决于劳动力市场供求因素的影响，“工资的一般变动仅仅由同工业周期各个时期的更替相适应的产业后备军的膨胀和收缩来调节。因此，决定工资的一般变动的，不是工人人口绝对数量的变动，而是工人阶级分为现役军和后备军的比例的变动，是过剩人口相对量的增减，是过剩人口时而被吸收、时而又被游离的程度。”① 如果联系实际，将发现，第二次世界大战结束后，由于战争导致的劳动力数量相对短缺，以及农业和家庭手工业的产业化使得传统意义上的产业后备军几乎被吸收完毕，这些因素在客观上有利于工人实际工资水平的上涨；20世纪70年代以后，办公自动化的流行，大规模跨国移民的涌入，妇女源源不断进入劳动力市场，跨国公司的竞争日趋激烈，这些因素阻碍了实际工资水平的上涨。面对如此局面，劳动者的普遍反应是派出更多的家庭成员、工作更长的时间，这些做法尽管有利于单个家庭收入水平的提升，但从整体上看，劳动供给的增加又进一步降低了工人实际工资上涨的可能性（Resnick 等，2010）。

另一方面，马克思在其阶级斗争理论中指出，实际工资水平由资本家阶级与工人阶级的议价力量决定，只要工人阶级没有联合起来，工资会被压低到劳动力价值的下限（Harvey，1983），“如果以为劳动和任何一种商品的价值归根结底是由供给和需求决定的，那就完全错了。供给和需求只调节市场价格一时的变动。供给和需求可以说明为什么一种商品的市场价格会涨到它的价值以上或降到它的价值以下，但绝不能说明这个价值本身”。② 换言之，影响工人阶级联合的力量，成为决定实际工资水平变动的关键因素。如果联系实际，将发现，二战结束伊始，社会主义政权在全球范围强势崛

① 《资本论》第1卷，人民出版社2004年版，第698页。

② 《马克思恩格斯选集》第2卷，人民出版社2008年版，第63页。

起，冷战时代尖锐的意识形态冲突令西方的工会运动风起云涌，资本主义政权出于竞争的需要而不得不对工会采取一些让步措施，工会也逐渐褪去意识形态色彩，转变为代表劳工利益的机构，在产业工人工资和福利改善的过程中发挥重要的作用，这一时期，政府至少在表面上与资方拉开了距离，即由过去一味顺应资方要求的代理人，转变为劳资双方的“中间人”，工人的政治经济地位相对地增强了；20 世纪 70 年代以后，世界社会主义运动陷入低潮，资本与劳动在全球范围力量对比出现变化，政府在劳资关系上所持的立场发生明显的变化，即从所谓的“中间人”转而偏向资本一方，工会运动也逐渐失去意识形态冲突中的重要作用，加之工会自身运作模式存在一系列弊端，政府大刀阔斧地推行了工会改革，削弱了工会权力，此外，由于服务业具有低产值和松散性等特点，产业结构服务化趋势令工会衰落之势越发明显，工人阶级联合起来的难度不断增大。

劳资关系的趋势性转折，推动政府债务呈现出 V 形走势。结合图 1 和图 1-1，可以发现 20 世纪 70 年代不仅是劳资关系的转折期，也是政府债务的分水岭：在劳方处于相对强势的年代，政府债务规模“由大变小”；在劳方处于相对弱势的时期，政府债务规模“由小变大”。劳资关系转折与 V 形政府债务走势的交汇，不应视为一种巧合，其间存在着必然的逻辑联系。在劳方地位强化之时，国家制度相对地偏向于合法性职能。为了保证自身统治的合法性，国家政权尽可能地协调劳资双方的矛盾，维护社会公正。相应地，资方受到的管制和约束较多，劳方实际支付能力较强，在此情形下，生产的相对过剩问题并不突出，家庭部门和政府部门的收支情况相对平衡。在劳方地位弱化之际，国家制度则相对地偏向于资本积累职能。为促进利润率的提高，国家政权加速了生产社会化进程，增加有利于提升劳动生产率的社会投资，扩充有利于降低劳动力再生产成本的社会消费（O’Connor，1973），但与之匹配的利润却不断地被私人资本家占有，在此情形下，生产的相对过剩问题越来越严重，家庭部门和政府部门的收支情况均面临挑战。生产社会化使得利润分配出现了多样化，其中，一部分利润以销售折扣的形式分配给了经销商，一部分利润以租金、转让金的形式分配给了土地和技术所有者，一部分利润以利息的形式分配给了银行，一部分利润以股息的形式分配给了股东，一部分利润以税赋的形式分配给了政府，等等。可见，生产社会化的实质是通过“有形之手”来帮助一个群体完成资本积累，代价则是牺牲了另一个群体的利益。当然，尽管实际工资水平下降了，但家庭消费支出规模却不断攀升。根据美国经济分析局的数据，美国个人消费支出占 GDP 比重在 1975 年为 61.15%，到了 2016 年攀升至 68.84%。这其中，金融机构扮演着至关重要的作用。在化解生产相对过剩的过程中，金融机构通过所谓的“金融创新”将人们的需要转化为经济学意义上的需求，帮助工人群体实现了“超前消费”，进而以家庭债务的形式将生产的相对过剩隐藏了起来。当然，金融机构并非慈善机构，它们在相互间展开了激烈竞争，甚至超越法律限制和谨慎原则，开辟出各式各样的项目，从中抽取了巨额佣金，实现了对利润的分割，进一步挤压了实际工资。

同样根据美国经济分析局的数据，美国居民和非营利性机构的负债占 GDP 比重在 1960 年为 41.34％，到 1975 年仅增长至 45.22％，而到次贷危机爆发的 2007 年则激增至 99.43％，成为二战以后的峰值。尽管政府也参与了利润分配，但其份额无法与之在社会再生产中的投入保持同步增长，当财政收入无法支撑财政支出时，举债往往比增税更受欢迎，政府债务负担由此加重。在一定政治环境中，尤其是在选举政治下，金融机构提供的债务杠杆不断地从私人部门向公共部门转移，政府债务取代了或者部分取代了家庭债务。如果说选举政治的副产品是债务膨胀的话，那么，“半生不熟”的选举政治在这一点上的表现则更加典型。在一些国家，选票左右了软弱的民选政府决策，民粹主义和利益集团大行其道，国家财政呈现“生之者寡”、“食之者众”的格局，最终爆发了主权债务危机。

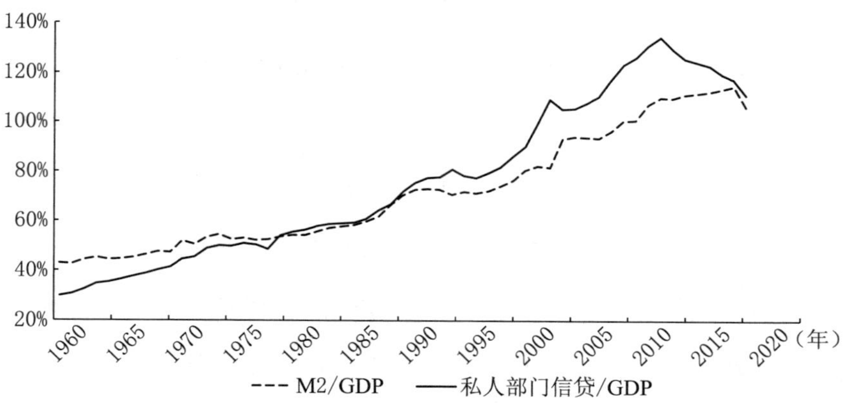

图 1-2　发达经济体的金融杠杆变动情况

资料来源：世界银行和相关政府国家网站。

要彻底解开 V 形债务走势之谜，还必须深刻把握问题的主要矛盾和次要矛盾，以及矛盾的主要方面和次要方面：既然劳资关系、生产社会化和金融杠杆对政府债务都产生影响，那么，这些影响有主次之分吗？抑或，谁才是推动政府债务 V 形走势的关键力量？要厘清这一问题，就必须回到前述的理论连贯性这一根本标准上：是否既能解释政府债务的上升，又能解释政府债务的下降？若以此为据，生产社会化因素可以首先排除。这是因为，生产社会化程度在第二次世界大战以来是线性递增的，亦即，它可以解释负债率的上升，却难解释负债率的下降。图 1-2 报告了发达经济体以“M2/GDP”和“私人部门信贷 /GDP”衡量的金融杠杆水平的平均变动情况。可以看出，即便在政府负债率下降时期，金融杠杆也是线性递增。当然，金融杠杆在政府负债率下降时期的攀升速度，明显地慢于政府负债率上升时期。这意味着，尽管金融杠杆助长了债务风险，但其本身并非 V 形债务走势的关键推手。通过排除法可以推断，劳资关系是推动政府债务 V 形走势的深层次因素：在劳方地位强化阶段，实际工资增长速度快于劳动生产率，家庭收支相对平衡，同时，“上层建筑”加强了监管，政府负债率相应地由高变低；在劳方地位弱化时期，劳动生产率飙升，而实际工资停滞不前，家庭的“入不敷出”日益显现，金融机构便以用增加私人部门债务杠杆的方式来化解生产相对过剩问题，“上层建筑”此时则放松了监管，在选举政治中，私人部门的债务杠杆又被不断地转移到公共部门，政府负债率进而由低变高。

第四节 动态面板模型分析

鉴于绝大多数国家在20世纪80年代之前的劳资关系数据缺失的问题，因此，前一部分以美国为典型，剖析了劳资关系的趋势性转折。本部分则提供一个补充的计量分析，试图将更多的国家样本考虑进来，进一步增强研究结论的可靠性程度。为进一步检验劳资关系对政府负债率的影响，本章设定了如下的动态面板模型：

$$debt_{i,\ t} = \alpha debt_{i,\ t-1} + \beta eer_{i,\ t} + \theta Z_{i,\ t} + c + \mu_i + \varepsilon_{i,\ t} \qquad (1)$$

其中，被解释变量 $debt$ 为政府负债率，解释变量 $debt_{i,\ t-1}$ 为政府负债率的一阶滞后，eer 为劳资关系，文中用实际工资与劳动生产率的比值作为代理指标，Z 为其他控制变量，包括金融杠杆水平 p，经济增长率 $growth$，服务业占比 ind，城市化率 $urban$，c 为常数项，μ 为个体效应，ε 为误差项，下标 i 和 t 分别表示个体和时间，α、β、θ 分别为回归变量的系数项。

根据前述的典型事实，政府债务V形走势首先出现在发达经济体。对此现象，一个基本推测是，发达经济体和新兴经济体已经发生或正在发生深刻的结构性变化，进而引发了若干种“症状”，其中之一便是债务问题，当然，由于所处发展阶段不同，发达经济体和新兴经济体债务“症状”的步调并不一致。毫无疑问，今天处于赶超阶段的后发国家，某些方面正在重复先发国家昨天的故事，一些先发国家在爬坡迈坎阶段埋下了严重的风险隐患，具有重要的警示意义。换言之，要对后发国家未来的债务走势作出科学研判，也就离不开对先发国家过去的债务历程展开深度研究。因此，本部分使用了包含美国、加拿大、德国、英国、法国、荷兰、丹麦、芬兰、卢森堡、瑞士、瑞典、奥地利、挪威、比利时、爱尔兰、西班牙、葡萄牙、澳大利亚、新西兰、日本、韩国等 21 个相对发达国家的面板数据。需要特别说明的是，关于样本时间范围，最理想的情况是包含第二次世界大战以来所有时点，但令人遗憾的是，多数国家数据缺失情况严重，有鉴于此，文中所选样本时间范围为 1985—2015 年。数据来源于国际货币基金组织数据库，世界银行数据库，联合国数据库，国际劳工组织数据库，相关国家政府网站。表 1-1 为数据描述性统计。

表 1-1　数据的描述性统计

变　量	含　义	样本量	最大值	最小值	均值	标准差
debt	政府负债率	651	2.4210	0.6263	0.0650	0.3773
eer	实际工资 / 劳动生产率	651	0.5458	0.0906	0.3304	0.1555
l	劳动报酬占 GDP 比重	483	0.6540	0.3251	0.5028	0.1143
pc	私人部门信贷 /GDP	651	2.2129	0.9863	0.2351	0.4282
m	M2/GDP	483	2.3743	0.8667	0.2978	0.4939
growth	GDP 增长率	651	0.2628	0.0259	－0.0827	0.0276
pgrowth	人均 GDP 增长率	651	0.2467	0.0195	－0.0871	0.0270
ind	服务业增加值 /GDP	651	0.8765	0.6891	0.4974	0.0651
urban	城市人口 / 总人口	651	0.9786	0.7762	0.4530	0.0996

考虑到 OLS、固定效应模型、随机效应模型等传统的估计方法容易出现偏误和序列相关等问题，难以获取有效的估计量，为避免变量之间以及变量与残差之间的内生性问题，本章运用两步系统广义矩方法（GMM）对动态面板模型进行估计，并对 GMM 估计结果进行 Sargan 检验和 AR（2）检验。

文中通过逐步添加控制变量的方式，展现了控制变量的引入过程及其对计量回归结果的影响。计量回归结果显示，*eer* 在各个回归方程中的系数均显著地为负数，即实际工资与劳动生产率比值下降导致政府债务负担的加重，这也印证了本章的核心观点。这意味着，要防范债务风险的蔓延，就需要对劳资关系进行必要的、恰当的调整。适时、适度地增强劳动者的权益，构建相对和谐的劳资关系，乃是宏观政策的题中之义。在控制变量方面，*pc* 的系数项显著为正，即金融加杠杆构成了政府负债率的助推力量。实际上，实体经济低迷不是某一国家特有问题，而是全球面临的共同挑战。发达国家实体经济在 20 世纪七八十年代以来一直面临着利润率难以提高的问题，固定资本回报率无法恢复到从前，其中原因便在于过剩资本在金融领域追逐利润（Economakis，Anastasiadis 和 Markaki，2010）。金融部门的自我繁殖、过度膨胀，挤压了实体经济，加剧了要素的“脱实向虚”问题。因此，要破解实体经济困境，就需要从源头上让资本不再如此过剩。*ind* 的系数项显著为正，即产业结构服务化与政府债务加重现象同步发生。深究下去，在产业结构服务化进程中，生产要素从高生产率制造业流向了相对低生产率的服务业，经济系统的收入汲取能力由此下降，但如同“成本病”理论所揭示的那样，支出扩张速度并未下降，由此带来的结果便是私人部门和公共部门出现了收支缺口。*urban* 的系数项显著为正，即在人口城市化进程中，政府负债率趋于上升。可以想象，在人口向城市聚集的过程中，出现一系列的外部性问题，需要政府加以积极应对，财政支出规模便扩张了，然而与此同时，政府资金投向不得不从经济事务转移到社会性事务方面，财政资金的投资回报率下降了，财政收入能力受到损伤。当然，如前所述，尽管产业结构和城乡结构对政府债务也都产生显著影响，但它们还不是政府债务 V 形走势的主要因素：产业服务化和人口城市化进程在第二次世界大战以来是单向的，服务业占比和城市人口占比线性递增，可以解释负债率的上升而非下降。

表 1-2　GMM 估计结果

变　量	A	B	C	D	E
$debt_{i,\,t-1}$	0.1225** (2.3408)	0.1582** (2.2177)	0.1773** (2.3406)	0.0981** (2.1908)	0.1301* (1.9411)
eer	−0.0605** (2.1237)	−0.1346** (2.0818)	−0.1212** (2.1130)	−0.0936** (1.9815)	−0.0881* (1.8461)
pc		0.0578** (2.1780)	0.1023* (1.9505)	0.1149* (1.8433)	0.1251* (1.7310)
growth			1.2316 (0.8519)		
pgrowth				−0.2599 (1.3781)	
ind					1.3998** (2.5390)
urban					0.8271** (2.1479)

（续表）

变　量	A	B	C	D	E
c	0.1063 （1.5908）	0.3036 （1.3270）	−0.3512 （0.2051）	−1.3216 （1.2238）	−0.1833 （1.5215）
Wald 统计量	23.1828	31.6389	26.7704	28.4812	41.5937
Sargan 统计量	56.0265 （0.1690）	50.1301 （0.2788）	56.3480 （0.2715）	45.7026 （0.3015）	53.0213 （0.3223）
AR（2）统计量	−0.0717 （0.7411）	−0.1398 （0.5123）	−0.2519 （0.5835）	−0.0897 （0.6350）	−0.1720 （0.6070）
Observation	630	630	630	630	630

注：系数下括号内为 t 值或 p 值。***、** 和 * 分别表示通过显著性水平为 1%、5%和 10%的统计检验。

令人意外的是，无论是 GDP 增长率，还是人均 GDP 增长率，其系数项均缺乏统计显著性。换句话说，经济增长速度与政府负债率不直接相关。这一发现，值得深思。这是因为，在关于债务治理方案的大讨论中，“经济增长论”（即通过促进经济增长，来达到去杠杆或降杠杆目标）通常更受青睐。其中原因在于，与通货膨胀论（即通过不断增发货币，最终以通胀的方式稀释掉存量债务）等方案比起来，经济增长论更加符合“把责任扛在肩上”的要求，且可以避免再陷“经济转型—短期波动—停止转型”（即经济转型方案一定程度上引致了经济减速，基于宏观稳定等方面的考虑，扩张性刺激政策出台了，经济转型方案于是被搁置一边）的历史循环。必须承认，保持一定的经济增长速度，可以为防风险创造出良好的基础环境，但经济增长论还无法成为去杠杆的直接手段。究其原因：一方面，经济增长与债务规模之间的因果关系尚未形成共识。比如，根据卡门·莱因哈特（Reinhart）和肯尼斯·罗戈夫（Rogoff）（2010）得出的著名发现，若政府负债率高于90%，经济增长将明显减速。很显然，债务规模在这里被视为原因，而经济增长被看成结果。另一方面，当前经济运行的一个基本问题是有效需求不足。通过改善供给质量和效率，可以满足一部分已经升级的、原本想去海外“血拼”的消费需求。但完全指望借此缓解有效需求不足问题的想法，未免有点不切实际了。从总体上看，家庭部门的预防性储蓄动机十分强烈，尤其是在房价高企、学区房火热、部分教育培训机构“一位难求”、养老院入住难等成为常态的背景下，“有钱不敢花”现象不在少数。如果不从劳资关系入手，使劳动者实际可支配财力能够覆盖其维持生存和繁衍后代等的必要支出，那么，刺激经济增长的结果也只能是助长债务风险，而非抑制债务风险。

表 1-3　稳健性检验

变　量	A	B	C
$debt_{i,\ t-1}$	0.1025** (2.0157)	0.0819* (0.1909)	0.1670* (1.7925)
l	−0.3165** (2.1418)	−0.2636** (1.9981)	−0.2247* (1.7520)
m		0.3004** (2.0368)	0.1411* (1.7461)
ind			1.0086* (1.9139)
$urban$			1.2387** (2.0564)
c	0.1835 (1.2086)	−0.3007* (1.7710)	−0.2209 (1.6315)
Wald 统计量	29.6503	31.2520	38.1715
Sargan 统计量	39.4408 (0.3328)	34.5501 (0.3087)	46.1069 (0.2733)
AR（2）统计量	−0.0929 (0.6382)	−0.1094 (0.6588)	−0.1754 (0.7850)
Observation	462	462	452

注：同表1-2。

表 1-2 中，核心解释变量——劳资关系的代理变量是实际工资与劳动生产率的比值。为了进一步增强计量回归结果的稳健性，本章在表 1-3 中将其替换为“劳动报酬占 GDP 比重”(用 l 表示)。对于另一重要变量——金融杠杆，在表 1-3 中将其替换为“M2/GDP”(用 m 表示)。结果显示，l 系数项也显著为负，即劳动报酬占比下降导致了政府负债率上升，这一结果与表 1-2 中“实际工资 / 劳动生产率”系数项在方向上无异，在统计显著性水平上也较为接近。m 系数项显著为正，即货币宽松程度与政府债务负担正相关。由此可见，劳资关系和金融杠杆影响政府负债率走势的结论是稳健的。此外，从表 1-2 和表 1-3 的 Sargan 统计量和 AR（2）统计量看，所有方程都通过了检验，表明本章动态面板模型的估计结果是有效的。

第五节　政策启示

若要精准施策，提高债务治理的有效性，就需要深刻把握问题的主要矛盾和次要矛盾，从源头上积极应对债务风险的形成与扩散。实际上，在讨论政府债务风险的治本问题时，存在不同说法。比如，有人提出“通货膨胀说”，即通过不断增发货币，以通货膨胀的方式最终来稀释掉存量债务。这一说法遭到很多质疑与否定。相比之下，还有一种说法得到不少人的支持——“经济增长说”，即通过促进经济增长的办法，来达到去杠杆的目标。经济增长说是有一定学理支持的，主要包括以下几种理由：一是能力论，即通过促进经济增长，改善政府、企业和家庭的收入汲取能力，为实现或扩大收支盈余进而偿还债务奠定基础；二是稀释论，即通过加快经济增长，让分母端的收入增速跑赢分子端的债务增速，从而降低债务与GDP之比；三是代价论，即与其他几种去杠杆途径如财政紧缩、金融抑制、通货膨胀、债务核销、资产重组等比起来，经济增长面临的阻力最弱，代价最小。不可否认，与“通货膨胀说”等比起来，“经济增长说”有一定的说服力。从大环境改善来说，经济增长也是一切手段有效发挥作用的前提。但就具体对应关系来看，是不是只要经济增长了，就一定能够去杠杆？这里面存在一些常识和逻辑误区。

不能完全指望有效供给。当前，经济运行的一个基本问题是有效需求不足。金融市场特别是银行大量资金有“脱实向虚”的趋势，通过加杠杆方式，从实体经济进入债券市场或其他金融市场，追逐有限的资产。在此情况下，倘若一味地刺激经济增长、提振供给效率，有效需求不足的症状只会暴露得更彻底，企业的营销压力、财务压力及总体杠杆水平势必攀升得更高。诚然，通过推动传统产业变革生产、管理和营销模式，引导企业增品种、提品质、创品牌，以及扩大内外销产品“同线、同标、同质”等促进有效供给的办法，可以部分满足部分升级需求。但完全指望于此，未免有点不切实际。这是因为，需求低迷有其内在原因。比如，凯恩斯主义理论认为，消费取决于现期收入水平。如果现在的收入越高，则消费率越高。又如，生命周期理论认为，消费取决于一生总收入。如果老年和少儿人口抚养比越高，则消费率越低。还有，预防性储蓄理论认为，消费取决于预期的未来不确定性支出。如果预期到住房、教育、医疗、养老等支出越多，则消费率越低。现实中，中国家庭的预防性储蓄动机强烈，存在“有钱不敢花”的现象，这也是我们的总体储蓄率为什么能够超越日本、韩国的一个关键原因。换言之，如果制约有效需求的瓶颈没有得到化解，那刺激经济增长、提振供给效率的后果必然是加杠杆，而不是去杠杆。

别只看负债率指标高低。经济增长说隐含着一个逻辑前提，即经济增长是原因，债务增减是结果，通过调整原因，可以改变结果。可问题恰恰在于，两者究竟孰是因、孰是果，迄今为止尚无定论。哈佛大学肯尼迪政府学院教授卡门·莱因哈特和肯尼斯·罗戈夫撰写的论文《债务时代的增长》，是很多政策制定者和理论研究者喜欢引用的一篇重要文献。该文主要结论是，高债务将严重损害经济增长。具体而言，90%是公共债务与GDP之比的一个临界值。若杠杆率高于90%，经济增长速度就会骤降。此文解释，较高的公共债务水平将对经济活动产生挤出效应，损害企业家创新，由此阻碍经济增长。很显然，在这篇文献中，经济增长被看成一个结果，债务则被看成其中原因。援引此文，并不代表就完全认同文中观点。实际上，“90%”并非放之四海而皆准的普遍规律。事实上，一些国家负债率明显超过警戒线，但主权信用状况依然良好，尚未露出公共债务危机的苗头；一些国家的负债率指标并不高，但危机没有放过它们。这就像烧开水一般，在一些地方要烧到100摄氏度，而在有些地方 90 摄氏度便烧开了。换言之，若非经过科学、严密的论证来说清楚经济增长与债务之间的因果关系，经济增长说便失去了逻辑上的严谨性。

治本之策在于改善分配。要拨开去杠杆的云雾，就必须跳出凯恩斯主义经济学或新自由主义经济学的框框。否则，我们的认识只能徘徊在“大政府”或“小政府”里，解决方案也只能停留在“加强政府管制”或“放松政府管制”上。坦率地讲，要真正实现“去杠杆”目标，需要我们拿出勇气回到经典，沿着马克思主义经济学的基本逻辑，深刻把握问题的主要矛盾和次要矛盾以及矛盾的主要方面和次要方面，触及债务问题的本质性缘由。从本质上看，债务是过剩经济的产物，而不是短缺经济的结果。当然，这个过剩并非绝对的过剩，只是相对的过剩。在化解生产相对过剩的过程中，一系列金融衍生产品出现了，其主要职责是将人们的需要转化为经济学意义上的需求，帮助其实现“超前消费”。当然，天下没有免费的午餐，“超前消费”也是有代价的。关于这一点，已经清晰地烙在了各个国家政府、企业和家庭的资产负债表上。在特定经济、社会和政治条件下，债务杠杆还会在政府、企业和家庭之间转移、转化。就此而言，去杠杆的正道在于改善分配：一方面改善产业资本与金融资本间的分配，以发展眼光客观看待和妥善处理企业融资过程中的不规范行为，严格区分企业正当融资与非法集资的界限，推动资金供求双方直接对接，大力发展直接融资，减少中间环节，切实破解过剩资本挤压实体经济的难题；另一方面改善产业资本与劳动之间的分配，建立完善欠薪保障制度，构建高效的劳资纠纷仲裁机制，加强对企业的劳动保障监察，加大司法救助力度，保护劳动者合法权益，整体改善家庭部门实际支付能力。

加强政府监管的关键不在于去杠杆，而在于调杠杆。V 形债务走势显示，政府加强监管之时杠杆率普遍下降，而放松监管之际杠杆率整体上升。因此，加强政府监管成为了防范债务风险继续蔓延的大势所趋。如众所知，金融机构由于自有资本金较少，需要靠主动负债的办法来吸收资金、做大规模，有着加杠杆的内在冲动。倘若放松了监管，金融机构为了博取利差，势必将短期资金配置于长期资产以及低质量、高风险资产，进而在流动性和信用等方面滋生出系统性风险。当前，加强监管的一个重点便在于形成监管合力，堵住监管漏洞，提升监管水平，有效应对金融机构的“监管套利”行为，用笼子关住过剩的资本。当然，尽管政府监管必不可少，但也应注意到，在 V 形债务走势的负债率下降时期，金融杠杆水平并未下降，而是以相对缓慢的速度上升。这意味着，在防范债务风险过程中，政府监管的目标不应定位于推动金融部门去杠杆，而应定位于调杠杆，通过调整杠杆结构，同时优化负债端和资产端，营造出相对稳定的经济发展环境。

第二章　产业结构与政府债务

第一节　产业与债务的关联性

从产业结构上看，经济服务化是全球经济活动的大趋势。伴随着经济发展和人均收入水平的提高，在技术进步和收入弹性等因素的影响下，产业结构总是处于不断的调整变化之中。三次产业在国民经济中所占比重的排序从最初的"一、二、三"，转变为后来的"二、三、一"，再到如今的"三、二、一"，产业结构的服务化倾向十分明显。毋庸置疑，经济服务化是经济发展水平达到一定阶段后的客观规律。然而，经济服务化也蕴藏着一系列潜在的风险隐患，对企业和居民的收支行为构成了挑战，必须引起足够的重视。

一方面，经济服务化诱导生产率增速进入下降通道。在产业结构转换的过程中，生产要素的流向发生了深刻的变化：在工业化阶段，生产要素主要是从第一产业向第二产业和第三产业转移，第二产业在就业、产值和利润等方面所占比重逐渐占据主导地位；在服务化阶段，生产要素则主要是从第一产业、第二产业向第三产业转移，第三产业所占比重不断上升，并最终占据主导地位。深究下去，生产要素的流向变化又引发了经济增长的“潮起潮落”。现代经济学的实证研究普遍发现，第二产业生产率增长速度最快，第三产业次之，第一产业最慢。由此可以得出结论：在工业化阶段，生产要素是从生产率相对较低的部门转移到生产率相对较高的部门，全社会的生产率增速由此进入了上升通道，经济增长出现的是“结构性加速”；在服务化阶段，生产要素则是从生产率相对较高的部门转移到生产率相对较低的部门，全社会的生产率增速由此进入了下降通道，经济增长出现的是“结构性减速”。图 2-1 展示了二十国集团（G20）的服务业占比与生产率增速的基本关系。可以清晰地看出，服务业

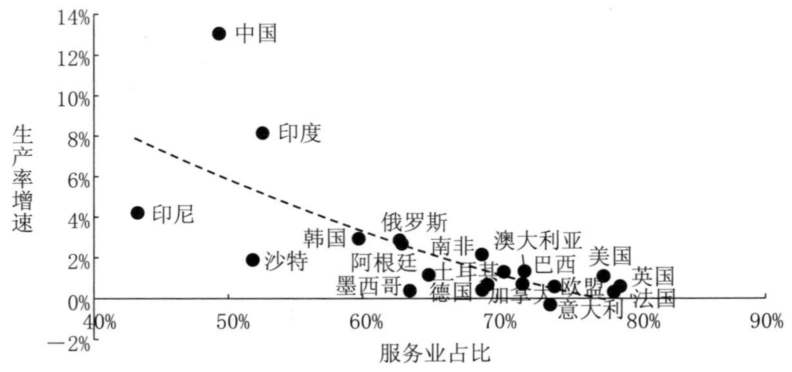

注：生产率增速为过去十年间该国劳动生产率增速的平均值。

图 2-1　二十国集团的服务业占比与生产率增速

资料来源：世界银行和国际货币基金组织。

占比与生产率增速呈现出反向变动关系，前者越高，则后者越低。由此得出结论，在经济服务化阶段，企业、居民和政府收入汲取能力的下降实属必然。

另一方面，经济服务化推动生产成本进入上升通道。虽然第二产业和第三产业在技术进步速度上的差异较大，但在要素可以自由流动的情况下，两者面临的工资率、利息率等生产成本及其增速大致相当。换言之，第二产业单位产出的成本与生产率可以保持同步增长，而第三产业单位产出的成本增速将大大快于生产率增速，收支压力较大。如此，服务业必然通过更快地提高产出价格的办法来转嫁成本。在一些细分服务行业中（如医疗、教育等），产品极其缺乏需求价格弹性，价格虽然不断上涨，但销量并不会出现明显下降，消费者的总支出将不断地向这些部门倾斜。总而言之，如同鲍莫尔（Baumol，1967）在成本病理论中述及的那样，服务业虽然生产率增长较慢，但成本上升较快，随着服务业占比日渐提高，全社会的平均单位产出成本便不断增加。简言之，经济服务化使得整个经济系统的支出扩张速度快于了收入汲取速度。由此，一系列次生问题就会凸显出来。比如，企业资本储备下降，更加依赖于外部融资，居民有效需求不足，次级贷等现象抬头，等等。面对产业结构转变过程中出现的劳动技能转换以及失业等问题，政府势必将增加有利于再就业的教育培训支出、维护社会稳定的公共安全支出和社会保障支出等，并增加公共部门的就业机会，最终政府支出规模不断膨胀。

快速的经济服务化将使问题雪上加霜。当前，一些国家之所以陷入债务缠身的窘境，除了一般意义上的经济服务化影响之外，在某种程度上还应归咎于其经济服务化的节奏过快。关于这一点，日本的教训尤为深刻。20世纪七八十年代，为了应对“石油危机”和日元汇率升值等的冲击，已经成为全球制造大国的日本掀起了一股对外投资、重构本国产业结构的跨国产业转移浪潮。其中，日本在20世纪70年代初对外转移了纺织等劳动密集型产业，在两次“石油危机”后又对外转移了化工、钢铁、造船等资本密集型产业，在广场协议后对外转移的产业范围扩展到包括电子、汽车等已经实现了技术标准化的资本密集型产业和技术密集型产业。通过快速的产业结构调整，重工业比重明显下降，随后，日本政府又引导产业转向以消费为主的方向，服务业比重快速提升，迅速成长为经济增长的主导产业。在此过程中，大量要素被投入金融部门和高投资回报率的产业，形式多样的金融衍生工具在其中更是推波助澜，结果使得虚拟经济过度膨胀，实体经济由于“供血”不足而丧失技术创新能力，新兴产业发展极为缓慢，大规模的海外投资和产业转移令本国越发陷入产业空洞化的困境。作为结果，日本经济增长在20世纪90年代便出现了“结构性减速”，爆发了前述的一系列宏观经济问题，公共债务率如今更是拔得了世界头筹。图2-2显示，在生产要素从第二产业向第三产业转移的过程中，日本政府负债率迅速提高，服务业就业占比与政府负债率呈现出较为清晰的正相关。环顾世界，德国也完成了产业结构的服务化，但之所以还能够在全球债务泛滥背景下巍然屹立，除了靠宏观经济政策上的“紧缩派”做法，更关键的是在于其拥有强大的实体经济尤其是坚实的先进制造业。

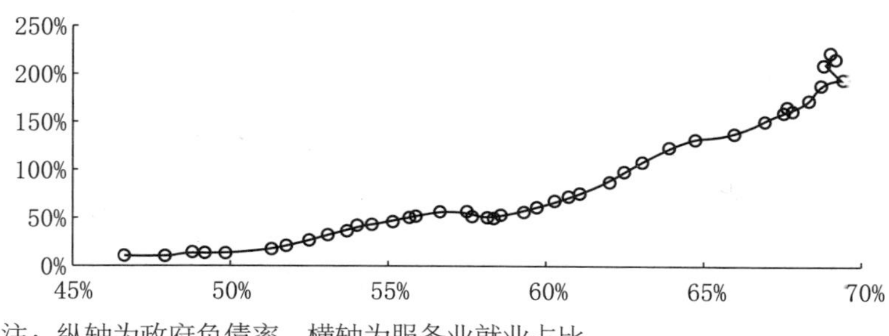

注：纵轴为政府负债率，横轴为服务业就业占比。

图 2-2　1970 年以来日本服务业比重与政府负债率

资料来源：世界银行和国际货币基金组织。

由是观之，全球公共部门的债务膨胀，与经济服务化之间存在着某种形式的关联。然而，令人遗憾的是，产业结构转变所引致的政府债务膨胀问题，还没有引起理论界和实际部门的关注。迄今为止，关于政府债务膨胀的原因，国内外学术界比较多地归结为以下几点：一是资本主义基本矛盾导致了有效需求不足，政府因此实施扩张型财政政策；二是经济增长乏力，政府为了“救市”而祭出的反危机措施导致财政支出增加和财政收入减少；三是民生支出刚性增长、公债利息支出扩大、国防开支及战争军费筹措等因素使得财政收支失衡；四是现代民主制度下，政府天生具有“赤字倾向”，不同利益集团在政治领域的竞争会引发财政的“公共池塘”问题；五是财政赤字的思想基础在变化，即政府财政赤字观从最初的“恪守财政平衡”，转变为后来的“可以用扩张型财政政策刺激总需求”，发展成接下来的“财政赤字不应常态化”，再到如今的“财政赤字不应超越警戒线”。不可否认，已有的这些关于政府债务膨胀原因的解释，具有重要的参考价值。然而，这些解释还是难以令人“解渴”。如果要打破砂锅问到底，这些症结并不是近几十年才出现，但为什么近年来发达经济体和新兴经济体债务膨胀得格外明显？可见，要把关于政府债务的研究再向前推进一步，就必须紧扣特定的时代背景。具体而言，产业结构变化引起了经济增速的“潮起潮落”：伴随两次工业革命，工业化国家的生产要素不断地从低生产率部门向高生产率部门（从农业向制造业）转移，经济增长出现了“结构性加速”；而 20 世纪 70 年代以来，工业化国家日益走向城市化，生产要素又快速地从高生产率部门向低生产率部门（从制造业向服务业）转移，经济增长又出现了“结构性减速”。① 可以想象，“水落”的结果便是“石出”，一系列问题就凸显出来。总之，当前的时代特征已经不同以往，必须正视经济系统的结构性变化所酿成的新风险和新挑战。鉴于此，本章将从产业结构转变的角度，对政府债务膨胀原因作出一个新的解释。需要说明的是，在得出这一发现的过程中，借鉴了鲍莫尔（1967）的研究。鲍莫尔提出了成本病理论，认为服务业劳动生产率的相对滞后提高了整体经济的运行成本，并提出了四大假设：（1）经济系统分为技术进步部门和技术停滞部门，后者

① 袁富华（2012）认为，20 世纪 70 年代以后发达国家经济增长的减速，与生产率增长的减速密切相关，而生产率的减速是由于产业结构服务化这种系统性因素造成的。

劳动生产率为零；（2）劳动是唯一的生产要素；（3）在不同部门，工资率相同；（4）工资增长速度同技术进步部门的生产率增长速度同步。从经验上看，经济部门技术进步的速度有快有慢，不存在绝对的技术停滞部门，因此我们放松了鲍莫尔（1967）的第一条假设，而是沿用其他三条假设。

第二节　基于鲍莫尔模型的理论推演

为了验证上述经济服务化与政府债务膨胀之间关系的猜想，本节在鲍莫尔（1967）的基础上建立一个基本模型，分析产业结构转变所引致的公共部门和私人部门债务膨胀问题。假定整个经济系统分为两大部门——高生产率部门和低生产率部门，其劳动力数量分别为 L_1 和 L_2，劳动生产率分别为 e^{zt} 和 e^{ft}，其中 $z > f$，产出数量分别为 Y_1 和 Y_2，单位产出成本分别为 C_1 和 C_2，单位产出税率分别为 r_1 和 r_2，工资率均为 We^{zt}，其中 W 为常数。由此，两个部门产出 Y_1 和 Y_2 可以看成劳动力数量和劳动生产率的函数：

$$Y_{1t} = L_{1t}e^{zt} \tag{2}$$

$$Y_{2t} = L_{2t}e^{ft} \tag{3}$$

如果劳动是主要的生产要素，各部门的生产成本将是其所支付的工资。由此，高生产率部门和低生产率部门单位产出成本可以表述为：

$$C_{1t} = W \tag{4}$$

$$C_{2t} = We^{(z-f)t} \tag{5}$$

进一步地看，低生产率部门单位产出相对于高生产率部门的成本等于：

$$\frac{C_{2t}}{C_{1t}} = e^{(z-f)t} \tag{6}$$

式（6）表明，当 t 趋于无穷大，低生产率部门单位产出的相对成本就会不断膨胀。实际上，式（6）的经济学含义非常丰富。可以试想，如果用公共部门和私人部门来代替基本模型中出现的低生产率部门和高生产率部门，便可以推断出，公共部门产出的单位成本将随着私人部门劳动生产率的增加而稳步提高。如果分别用服务业和制造业来代替基本模型中的低生产率部门和高生产率部门，就可以推断出，服务业的单位产出成本会随着制造业劳动生产率的增加而逐渐提高。

假定高生产率部门产出和低生产率部门产出的比值为 m。在劳动供给总量保持稳定时（即 $L = L_1 + L_2$），我们可以得出两部门各自劳动力占比的数学表达形式：

$$\frac{L_{1t}}{L} = \frac{L}{me^{(z-f)t} + 1} \tag{7}$$

$$\frac{L_{2t}}{L} = \frac{me^{(z-f)t}L}{me^{(z-f)t} + 1} \tag{8}$$

式（7）和式（8）表明，当 t 趋于无穷大，L_1 将越来越小，而 L_2 会越来越大。也就是说，在劳动作为主要生产要素的情况下，劳动力不断地从高生产率部门转移到低生产率部门，是一种客观规律。同样的道理，如果分别用公共部门和私人部门来代替基本模型中的低生产率部门和高生产率部门，越来越多的劳动力就会从私人部门转移到公共部门，这也正是政府边界不断扩张、政府机构不断膨胀的一种答案。如果分别用服务业和制造业来代替基本模型中的低生产率部门和高生产率部门，越来越多的劳动力就会从制造业转移到服务业，这也正是全球经济出现服务化趋势的一个根源。进一步地，如果把式（6）和式（7）、式（8）结合起来，我们便会发现：本来公共部门的工资水平增速已经快于其劳动生产率增速，如今劳动力从私人部门向公共部门转移的叠加效应将加剧导致公共支出进一步扩张；本来服务业的工资水平增速已经快于其劳动生产率增速，如今劳动力从制造业向服务业转移的叠加效应将加剧导致经济成本进一步扩张。值得注意的是，随着劳动力的流动，政府税收收入的来源结构也会发生变化：

$$\frac{r_2 Y_{2t}}{r_1 Y_{1t}}=\frac{r_2 L_{2t}}{r_1 L_{1t}}\,e^{(z-f)t} \tag{9}$$

可以看出，式（9）的值将不断增大。换句话说，政府税收来源中，由服务业带来的部分越来越重要。

假定两部门的总产出为 Y，总成本为 C。那么，单位经济产出的平均成本可以看成低生产率部门劳动力所占比例和产业间劳动生产率差额的函数，即：

$$\frac{C_t}{Y_t}=\frac{W}{1-\frac{L_{2t}}{L}+\frac{L_{2t}}{L}\ e^{(f-z)t}} \tag{10}$$

在劳动供给总量保持稳定的条件下，低生产率部门就业数量的增加对应着高生产率部门就业数量的减少，即 $\Delta L_1+\Delta L_2=0$。由此，可以通过经济产出单位成本对 L_1 和 L_2 的偏导数，求出产业结构转变过程中的单位产出成本相对变化量：

$$\left(\frac{C_t}{Y_t}\right)_{L_2}-\left(\frac{C_t}{Y_t}\right)_{L_1}=\frac{2WLe^{zt}\left(e^{zt}-e^{ft}\right)}{Y_t^2} \tag{11}$$

可以看出，式（11）的值恒大于零。这意味着，在劳动力从高生产率部门向低生产率部门转移的大趋势中，整个经济系统的运行成本在不断地提高。

假定来源于两部门的总税收为 R，那么，单位经济产出的平均税率也可以看成低生产率部门劳动力所占比例和产业间劳动生产率差额的函数，即：

$$\frac{R_t}{Y_t}=r_1+\frac{r_2-r_1}{\frac{L-L_{2t}}{L_{2t}}\ e^{(z-f)t}+1} \tag{12}$$

与式（11）的推导过程类似，我们也可以求出产业结构转变过程中的单位产出税率相对变化量：

$$\left(\frac{R_t}{Y_t}\right)_{L_2}-\left(\frac{R_t}{Y_t}\right)_{L_1}=\frac{2Le^{zt}e^{ft}\left(r_2-r_1\right)}{Y_t^2} \tag{13}$$

可以看出，如果高生产率部门税率比低生产率部门税率更高，

即 $r_1 > r_2$，那么整个经济系统的税收总额将不断地降低。如果高生产率部门税率比低生产率部门更低，即 $r_1 < r_2$，那么整个经济系统的税收总额将逐渐提高。

结合式（11）和式（13），我们便可以得到公共部门收支缺口的表达形式：

$$\left[\left(\frac{R_t}{Y_t}\right)_{L_2} - \left(\frac{R_t}{Y_t}\right)_{L_1}\right] - \left[\left(\frac{C_t}{Y_t}\right)_{L_2} - \left(\frac{C_t}{Y_t}\right)_{L_1}\right] = \frac{2Le^{(z+f)t}\left[(r_2 - r_1) + W - We^{(z-f)t}\right]}{Y_t^2} \tag{14}$$

可以看出，当 t 趋于无穷大，无论如何设定两部门的税率，式（14）的值恒大于零。也就是说，在劳动力从高生产率部门向低生产率部门转移的大趋势中，整个经济系统的支出扩张速度必然快于收入汲取速度，亦即，经济盈余不断缩小，债务负担逐渐扩大。

第三节　基本回归和稳健性检验

在上述理论推导的基础上，本章建立如下的计量回归模型，来检验在劳动力从高生产率部门向低生产率部门转移过程的政府债务膨胀问题：

$$\begin{aligned} \ln debt_{it} = {} & \beta_0 + \beta_1 \cdot \ln deindustrialization_{it} \\ & + \gamma \cdot \ln X_{it} + \eta_t + \xi_i + \varepsilon_{it} \end{aligned} \tag{15}$$

其中，下标 t 和 i 分别代表第 t 个年份和第 i 个国家（地区），$debt_{it}$

代表政府负债率，$deindustrialization_{it}$ 代表服务业就业占比，X_{it} 是控制变量，η_t 和 ξ_i 分别为年份哑变量和国家（地区）哑变量，β_0 是常数项，β_1 和 γ 是估计系数，ε_{it} 是随机扰动项。式（15）检验经济服务化对政府负债率的总体影响。为了进一步分析两者之间的传导机制，基于式（11）和式（13），本章还分别考察了经济服务化对单位产出成本和单位产出税率的影响（计量结果见表 2-2 和表 2-3）。

对于自变量与因变量之间可能出现的内生性问题，本章的选择是更换解释变量：一是用服务业产出占比作为服务业就业占比的代理变量；二是将解释变量更换为滞后一期，同时，将控制变量也滞后一期。为了减轻遗漏变量引发的内生性问题，我们还添加如下的控制变量：相对生产率、人口规模、发展水平、开放程度。其中，选取相对生产率作为控制变量的依据在于前一部分的理论推导：式（14）表明，产业间劳动生产率差异影响了公共部门的收支缺口。人口规模、发展水平和开放程度这三个控制变量的选取是参考了 Alesina 和 Wacziarg（1998）、Henrekson（1993）、Cameron（1978）的研究。他们在研究政府支出规模膨胀时，分别强调了人口规模、发展水平和开放程度的作用。

表 2-1　变量的描述性统计

变　量	样本量	平均值	最小值	最大值	中位数	标准差
政府负债率	1162	0.5111	0.0328	2.2030	0.4462	0.3295
单位产出成本	1108	0.3385	0.1186	0.5871	0.3380	0.1117
单位产出税率	1137	0.2738	0.0897	0.4924	0.2770	0.0918

（续表）

变　量	样本量	平均值	最小值	最大值	中位数	标准差
服务业就业占比	1036	0.6038	0.2903	0.8120	0.6233	0.1130
服务业产出占比	1140	0.5840	0.2729	0.8108	0.6105	0.1283
相对生产率	1015	1.3901	0.6168	3.2365	1.3700	0.4004
人口规模（亿）	1204	0.3929	0.0281	3.1886	0.1529	0.5344
发展水平（万美元）	1204	1.9725	0.0292	10.2832	1.4017	1.7244
开放程度	1204	0.6254	0.0910	2.0908	0.5677	0.3196

本章计量分析的数据样本涵盖了28个OECD国家。捷克、爱沙尼亚、以色列、卢森堡、斯洛伐克、斯洛文尼亚这6个OECD国家由于相关数据缺失严重，而没有被包含在本章的样本内。本章计量数据的时间跨度为1970—2013年。表2-1报告了这些变量的描述性统计结果。需要说明的是，政府负债率（政府债务与GDP的比率）、单位产出成本（财政支出与GDP的比率）、单位产出税率（税收收入与GDP的比率）数据来源于《联合国年鉴》、世界银行《全球金融发展》、国际货币基金组织《政府财政统计年鉴》和《世界经济展望》、欧盟委员会数据库，经济合作与发展组织数据库、宾夕法尼亚大学世界统计表，以及相关国家政府网站。服务业就业占比、服务业产出占比、相对生产率（制造业与服务业生产率比值）、人口规模、发展水平（人均GDP）、开放程度（进出口总额与GDP比值）数据来源于联合国数据库、世界银行数据库。

表2-2报告的是服务业占比与政府负债率之间总体关系及其传导机制的基本回归结果。其中，第A、B、C列所反映的是产业结

构与政府债务之间的总体关系，其被解释变量为政府负债率；第D、E、F列从支出端展现了产业结构与政府债务之间的传导机制，其被解释变量为单位产出成本；第G、H、I列从收入端展现了产业结构与政府债务之间的传导机制，其被解释变量为单位产出税率。表2-2的第A、D、G列没有引入任何控制变量，第B、E、H列引入了固定效应，第C、F、I列引入了固定效应，以及相对生产率、人口规模、发展水平、开放程度这几个变量作为控制变量。从产业结构与政府债务之间的总体关系看，无论引不引入固定效应和控制变量，服务业就业占比的系数都显著为正。也就是说，随着劳动力从第二产业向第三产业的转移，政府的债务负担加重现象是一种普遍规律。从产业结构与政府债务之间的传导机制看，在分别引入固定效应和控制变量后，服务业就业占比与政府负债率之间均呈现出显著正相关，与单位产出税率之间均呈现出显著负相关。换言之，在产业结构服务化的进程中，经济系统运行成本不断提高，政府财政汲取能力逐渐下降。

表2-3报告的是稳健性检验结果。与表2-2类似，第A、B、C列依然反映总体关系的稳健性检验结果，第D、E、F、G、H、I列则反映了传导机制的稳健性检验结果。表2-3所报告的稳健性检验结果分为两类：一是用服务业产出占比作为服务业就业占比的代理变量，其结果反映在第A、B、D、E、G、H列中；二是将解释变量和控制变量的结果做滞后一期处理，其结果反映在第C、F、I列中。在稳健性检验中，不管是使用代理变量，还是对解释变量、控

表 2-2　基本回归结果

	A	B	C	D	E	F	G	H	I
	总体关系			传导机制					
服务业就业占比	2.09*** （9.32）	1.92*** （2.99）	2.23*** （5.88）	0.14* （1.79）	0.45*** （3.36）	1.79*** （6.85）	−0.22** （−1.99）	−0.38** （−2.51）	−0.39*** （−3.24）
相对生产率			−2.22*** （−8.33）			−0.22*** （−3.35）			0.23** （2.03）
人口规模			2.71*** （4.04）			0.57*** （3.38）			0.19*** （4.75）
发展水平			−0.15 （−0.65）			0.56*** （9.83）			−0.08* （−1.81）
开放程度			0.58** （2.21）			0.53*** （8.10）			0.44*** （3.48）
常数项	0.14*** （3.09）	0.01 （0.07）	−19.05*** （−3.51）	−0.84*** （−5.85）	−0.724*** （−9.22）	−2.76** （−2.03）	−0.67*** （−9.48）	−0.54 （−9.93）	−1.84 （−0.89）
样本量	1036	1036	1015	1036	1036	1015	1036	1036	1015
R^2	0.228	0.719	0.789	0.112	0.798	0.871	0.046	0.667	0.974

注：括号内为 t 统计量。***、** 和 * 分别表示通过显著性水平为 1%、5%和 10%的统计检验。A—C 列的被解释变量是政府负债率，D—F 的被解释变量是单位产出成本，G—I 的被解释变量是单位产出税率。第 B—I 列控制了国家固定效应和年份固定效应，而第 A 列未控制。

表 2-3　稳健性检验

	A	B	C	D	E	F	G	H	I
	总体关系			传导机制					
服务业就业占比	2.37*** （4.49）	1.81** （2.06）	2.25*** （2.74）	0.28*** （3.50）	0.76*** （3.50）	0.80*** （3.72）	−1.41*** （−5.47）	−0.93*** （−3.53）	−0.49** （−1.97）
相对生产率		−1.53*** （−4.76）	−1.42*** （−4.75）		−0.31*** （−3.97）	−0.25** （−2.31）		0.39*** （3.28）	0.74* （1.78）
人口规模		0.08* （1.67）	0.19 （0.43）		0.22* （1.81）	−0.09 （−0.81）		0.03 （0.14）	0.09 （0.45）
发展水平		−0.21* （−1.83）	−0.23 （−0.99）		−0.58*** （−9.40）	−0.34*** （−8.71）		−0.05 （0.52）	−0.08 （−0.84）
开放程度		0.51* （1.81）	0.38* （1.76）		0.55*** （7.77）	0.54*** （7.57）		0.37*** （3.02）	0.446*** （3.36）
常数项	0.27** （2.22）	2.06 （0.49）	0.67 （0.17）	−0.76*** （−9.68）	3.23*** （3.09）	2.16** （2.05）	−0.35*** （−6.89）	−0.62 （−0.38）	−1.09 （−0.62）
样本量	1036	1015	987	1036	1015	987	1036	1015	987
R^2	0.547	0.763	0.785	0.595	0.851	0.858	0.665	0.976	0.974

注：括号内为 t 统计量。***、** 和 * 分别表示通过显著性水平为 1%、5%和 10%的统计检验。A—C 列的被解释变量是政府负债率，D—F 的被解释变量是单位产出成本，G—I 的被解释变量是单位产出税率。第 B—I 列控制了国家固定效应和年份固定效应，而第 A 列未控制。列 A、B、D、E、G、H 使用了服务业产出占比作为服务业就业占比的代理变量。列 C、F、I 的解释变量和控制变量均做了滞后一期处理。

制变量做滞后一期处理，基本回归结果中所展现出来的服务业就业占比与政府负债率的总体关系和传导机制并未发生改变。换句话说，产业结构转变导致了政府债务膨胀，这一结论是稳健的。结合前面的理论推导，我们可以得出这样的结论：在劳动力从制造业向服务业转移的大趋势中，从私人部门向公共部门转移的大趋势中，整个经济系统的支出扩张速度必然快于收入汲取速度。这一规律在私人部门的表现，就是经济盈余不断缩小；在公共部门的表现，便是债务规模逐渐扩大。从具体的影响程度上看，基本回归和稳健性检验结果告诉我们，服务业就业占比每提高 1 个百分点，政府负债率会相应地增加 2 个百分点左右。

关于控制变量，能在基本回归和稳健性检验中均保持显著性的变量只有开放程度和相对生产率。从开放程度看，在保持其他因素不变的情况下，经济开放程度越高，则财政汲取能力也越强，但由于单位产出成本也增加，① 财政收支相抵后的综合结果就是政府负担加重。由此推断，在经济开放的过程中，单位产出成本增加的速度是快于单位产出税率的。关于这一点，我们也可以从开放程度的弹性系数上得到印证。表 2-2 和表 2-3 的计量结果共同显示，开放程度对单位产出成本的弹性系数，在不同的方程下均显著低于单位产出税率。从相对生产率看，在保持其他因素不变的情况下，制造业

① 单位产出成本提高的另一层含义是，政府规模将不断扩大。关于这一点，大量的研究经济开放、全球化与政府规模之间关系的文献也得出了相似的结论，如 Cameron（1978）、Rodrik（1998）。

劳动生产率越高，则财政汲取能力越强，加之单位产出成本越低，从而政府负债率越低，出现债务恶化的可能性越小。由此可以推断出，“一哄而上”地发展服务业，将不利于政府债务的削减。值得注意的是，国际金融危机以来，一些发达经济体重新强调制造业的发展，以避免产业空心化问题。反观中国，目前多数地方的制造业占 GDP 比重已处于持续的下降通道中，对此我们必须给予高度的重视。在各地“十三五”规划中，对服务业占比提出明确要求的地方比比皆是，而对制造业占比提出明确要求的地方寥寥无几。

第四节　对中国现实的补充讨论

上述国际经验，可以用来解释中国产业结构转变与政府债务加重并存的现实吗？要回答这一问题，就必须审视产业结构与政府债务关系的理论推导和实践演绎。从理论推导上看，基本模型的理论假设在中国是否成立？尤其是，中国的工业劳动生产率是否也高于服务业，工业工资水平是否与服务业大致相当？图 2-3 显示，与前述的经合组织（OECD）国家类似，中国的第二产业劳动生产率也明显地高于第三产业。表 2-4 报告了中国按行业分城镇单位就业人员年均工资水平。从总体上看，第二产业与第三产业的平均工资水平较为接近。从细分行业上看，制造业工资水平略低于社会平均，而金融业、信息传输、软件和信息技术服务业、科学研究和技术服务业等的工资水平远高于社会平均。从实践演绎上看，中国低生产率部门的成本是否比高生产率部门膨胀得更快，政府支出的增长速度是否快于税收收入？表2-4显示，第二产业的工资增幅整体上低于社会平均，而第三产业的工资增幅整体上高于社会平均。从财政自给能力不断走低的趋势看（图2-4），中国财政收入增长的速度总体上逊于财政支出，“入不敷出”问题非常明显。总而言之，在经济服务化的过程中，中国与经合组织国家具有一定的共性。

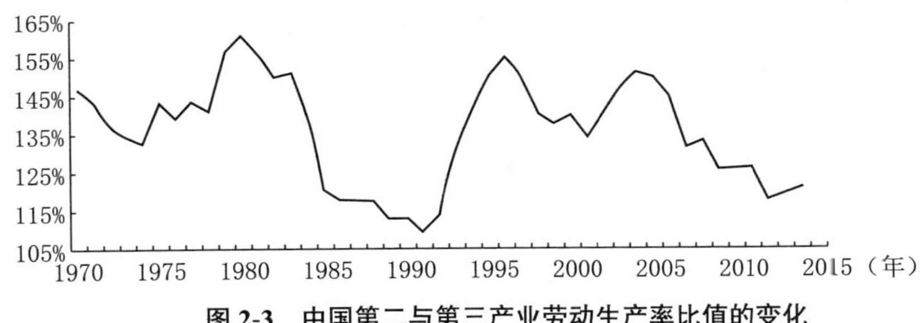

图2-3　中国第二与第三产业劳动生产率比值的变化

资料来源：《中国统计年鉴》。

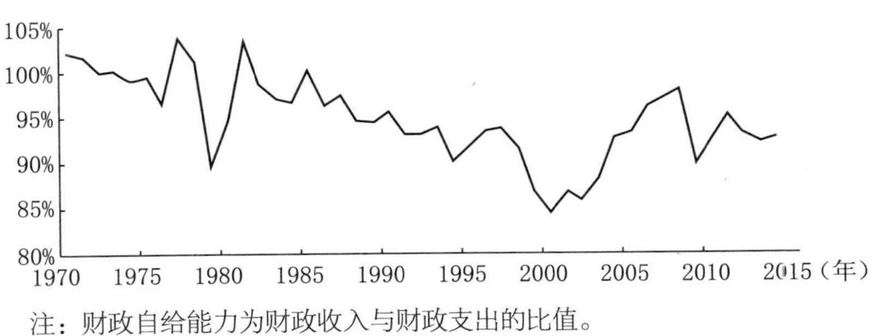

注：财政自给能力为财政收入与财政支出的比值。

图2-4　中国政府财政自给能力的演变

资料来源：《中国统计年鉴》。

表 2-4　中国城镇单位就业人员平均工资　　（单位：元）

行　业	2005 年		2010 年		2015 年	
	合计	国有	合计	国有	合计	国有
全国总计	18364	19313	36539	38359	62029	65296
农、林、牧、渔业	8309	8230	16717	16522	31947	31374
采矿业	20626	20992	44196	44904	59404	59673
制造业	15757	16963	30916	36386	55324	64931
电力、燃气及水的生产和供应业	25073	24378	47309	47724	78886	80066
建筑业	14338	16361	27529	31777	48886	49544
交通运输、仓储和邮政业	21352	21160	40466	40097	68822	70908
信息传输、计算机服务和软件业	40558	31654	64436	46402	112042	69858
批发和零售业	15241	15729	33635	35814	60328	69300
住宿和餐饮业	13857	13453	23382	23864	40806	43621
金融业	32228	32849	70146	66014	114777	100672
房地产业	20581	20077	35870	33967	60244	55922
租赁和商务服务业	20992	19972	39566	33680	72489	55016
科学研究、技术服务和地质勘查业	27434	26309	56376	53235	89410	80409
水利、环境和公共设施管理业	14753	14700	25544	25478	43528	42705
居民服务和其他服务业	16642	19108	28206	32417	44802	49144
教育	18470	18622	38968	39166	66592	67442
卫生、社会保障和社会福利业	21048	21760	40232	41112	71624	73490
文化、体育和娱乐业	22885	23342	41428	42367	72764	73447
公共管理和社会组织	20505	20531	38242	38387	62323	62452

资料来源：《中国统计年鉴》。

当然，中国与经合组织国家的经济服务化相比，不仅有共性，还有着明显的个性。基本模型中所给定的劳动力从制造业向服务业转移、从私人部门向公共部门转移的大前提，就是制造业生产率更高，以及部门间工资率趋同。实际上，驱使着劳动力在中国的产业间、部门间转移的，还存在着一些其他的因素。（1）垄断因素。表2-4给我们还展示了一些微妙的事实：在一些国有单位，工资水平更高、增长的速度更快。一些行业，如电力、民航、铁路、石油、天然气、邮政、市政公用等的竞争性业务向社会资本开放的程度还远远不够，金融、教育、医疗、文化、互联网、商贸物流等领域垄断性成分较高，吸引劳动者的能力更强。（2）政策因素。从资源配置方式上看，政府主要进行纵向干预，即根据纵向一体化安排生产组织体制，以政府的职能部门为主导纵向分割市场的资源配置功能（课题组，2014）。众所周知，在第二次世界大战后的二三十年间，纵向的政府干预模式非常流行。但近年来，允许政府选择成功者或失败者，并因此造成政府被既得利益者俘获的范围不断增加这一点，受到了极大的批评（阿吉翁，2014）。深究下去，纵向的政府干预模式，也在强化劳动者的产业间转移。总而言之，与经合组织国家产业结构服务化的速度比起来，中国“有过之而无不及”。那些具备垄断背景的部门、得到政策扶持的部门在经济减速的大趋势中依然可以很好地生存，而经济减速的后果主要是由竞争性部门（主要是生产性中小企业）来消化，最终诱使劳动者进一步“用脚投票”，选择对自己有利的行业，不断地从高生产率部门向低生产率部门集中。

应当注意到，中国产业结构调整出现了速度过快的苗头。近年来中国的服务业发展为经济转型书写了浓墨重彩的一笔：服务业产值占比在2015年历史性地攀升至50.4%，首次擎起国民经济的“半壁江山”，就业占比增长到42.4%，比“十二五”规划目标还高出3.8%，就业“压舱石”作用越发显现。《中国统计年鉴》公布的数据显示：中国服务业就业占比在1977年突破10%，在1993年突破20%，在2004年突破30%，在2014年突破40%。可见，中国服务业吸纳的就业人数正在加速增加：服务业就业占比从10%增长到20%，历时16年；从20%增长到30%，历时11年；从30%增长到40%，历时10年。虽然中国与美国经济学家维克多·福克斯（Victor Fuchs）在1968年提出的服务经济辨别标准——服务业就业人数占总就业人数比重超过50%，还有一些差距，[①]但是从近年来的快速发展经验看，中国完成从“工业型经济”向“服务型经济”转型的时间并不遥远。当然，欣喜之下应有隐忧，中国服务业比重加速上升的现象须引起重视：服务业产值和就业占比在“十五”期间年均增加0.30%和0.78%，在“十一五”期间年均增加0.56%和0.64%，在“十二五”期间年均增加1.26%和1.56%，其中在2014年和2015年竟然年均增加1.85%和1.95%，如此快的速度即便在日

① 实际上，国内外学术界关于服务型经济的判断并无统一标准。一般认为，服务经济形成的主要标志是服务活动在社会经济发展中占据主导地位，即经济中从事服务活动的人员及其创造的增加值超过农业和工业之和，并在国民经济中占据50%以上的比重（刘世锦，2010）。

本经济服务化过程中也仅仅出现过 1 次——1975 年日本服务业产值和就业占比增长 2.02％和 1.38％。服务业比重加速上升，既反映了产业的主动调整，同时也折射了制造业的失速下滑。实际上，服务业内部的细分行业生产率也有高低之分，服务业从低端走向高端是题中应有之意。然而，高端服务业并非空穴来风，其与先进制造业有着某种必然的联系。尤其是，在“制造业服务化”越发明朗的趋势下，制造业的品质决定了服务业的层次。在工业 4.0 阶段，制造型企业的“跨界打击”将从根本上重塑服务业形态。总而言之，从债务治理的角度看，需要扭转制造业失速下滑的势头。

第五节　政策启示

本章从就业结构转变的角度，给出政府债务膨胀原因的一个新解释。通过理论推导和实践演绎发现，劳动力从制造业向服务业转移、从私人部门向公共部门转移是大势所趋。在劳动力从这些高生产率部门向那些低生产率部门转移的过程中，无论是私人部门，抑或公共部门，它们的支出扩张速度必然快于收入汲取速度。这一规律在私人部门的表现，就是经济盈余下降，有效需求萎缩；在公共部门的表现，就是机构难以精简，财政失衡加剧。由此，前文提及的几种各不相同的关于政府债务膨胀原因的主流解释便可以从逻辑上“串”起来：就业结构的转变，令企业和居民的盈余缩水，进而企业资本储备下降、居民有效需求不足，经济增长因此乏力，为了迎合选民，政府这厢雇更多的人，花更多的钱，那厢强化“赤字财政”的共识，修改财政规则，最终，公共部门的财政失衡问题越发严重，举债上的机会主义行为越发明显。1970 年以来经合组织国家的经验显示，服务业就业占比与政府负债率显著正相关。从就业结构对政府债务的具体影响程度上看，服务业就业占比每提高 1 个百分点，将推动政府负债率会相应地增加 2 个百分点左右。面对就业结构转变所引致的政府债务膨胀问题：

第一，消除或弱化劳动力转移的非市场性驱动因素。与经合组织国家相比，中国的就业结构转变既有共性，也有个性：共性在于，中国的制造业劳动生产率也明显高于服务业，而工资率水平与服务业大致相当；个性在于，那些垄断行业工资率增长的比竞争性行业更快，诱使劳动者“用脚投票”，进一步地从高生产率部门向低生产率部门集中。（1）在市场准入层面，解决民营企业有门可进的问题。当前，一些民营企业在国内投资时面临的障碍，还不是在发达国家出现的“旋转门”“弹簧门”“玻璃门”，而是看不到“门”。为此，必须采取更有力的措施，切实推动垄断行业的竞争性业务开放，促进民间投资回稳向好，并“留住”劳动者。（2）在机构改革层面，解决部分行业人力资本过度配置的问题。当前，中国制造业的人力资本存量相对短缺，而部分服务业的人力资本存量相对过剩。为此，要深化文、教、科、卫、体等事业单位的改革，将沉淀在其中的人力资本、研究成果、文化等科技创新要素等释放出来，引进以企业为主体的技术创新体系中，进而推动这些非生产性部门由“钱变纸”（即把财政资金转化为科研成果）向“纸变钱”（即把科研成果转化为市场效益）转换。

第二，要在提高制造业生产率上做文章。根据经合组织国家的经验，制造业劳动生产率越高的国家，出现政府债务恶化的可能性越小。这意味着，加快“中国制造”转型升级，可以部分地对冲掉就业结构转变所酿成的财政风险。（1）在政府层面，重视地方政府的作用。中国特色社会主义实践证明，地方政府在改革开放以来的经济发展过程中扮演了非常重要的角色。当前，积极引导地方政府因地制宜地为辖区内的先进制造业的规模和比重划定“底线”，推动他们在先进制造业上进行比拼和在生产率上展开竞赛，就成了化解政府债务风险的一个重要战略选择。（2）在企业层面，重视互联网技术与制造业的结合。如今，全球性的产能过剩，使得企业间的竞争越来越激烈，产品的生命周期大大缩短。与此同时，互联网时代的到来，撼动了传统工业时代的一个重要基础——信息不对称。换句话说，未来的制造型企业必须实现快速、小批量、定制化的生产。为此，就必须利用互联网打破企业内部林立的一个个信息孤岛的现状，将设计、制造、采购、办公等系统连接起来，从部分的自动化和部分的信息化阶段，进入完全的自动化和完全的信息化阶段，实现“万物互联”，进而做到智能生产。

第三章　城乡结构与政府债务

第一节　从以城为本到以人为本

从城乡结构上看，人口城市化是全球人口分布的主基调。尽管人类自进入文明时代起就出现了城市，但大规模的城市化现象发端于工业革命。工业革命催生了社会化大生产，吸引农业剩余劳动力源源不断地从农村转移到城市，并形成“聚集经济”。迄今为止，生活在城市的人口数量占全球总人口的比重已经过半，人类经济和社会活动的空间分布已经进入以城市为主的时代，城市经济成为各国经济发展的重要支撑和主导力量。然而，人口城市化也带来了一些问题，尤其是，它倒逼政府转变支出结构，将财政资金从生产率较高的公共部门转向生产率较低的公共部门，推动“建设型财政”向“消费型财政”转换。

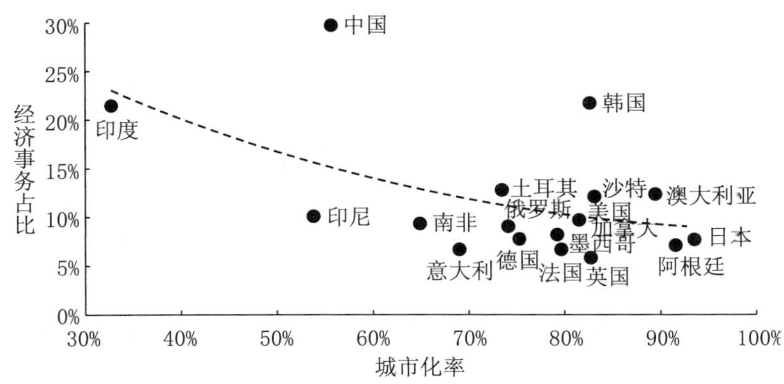

图 3-1　二十国集团的城市化率与财政支出结构

资料来源：世界银行和国际货币基金组织。

在城市化中前期，财政支出结构孕育变化。全球城市化的进展速度在不同时期并非一成不变。从发达国家的历程看，城市化在中前期普遍呈现出加速态势，而在中后期则表现出减速特征，若将前后两期结合起来，整个城市化进程就呈现出一条稍被拉平的 S 形曲线。在城市化中前期，随着人口不断聚集，地价上涨、住房紧张、交通拥堵、环境破坏、资源短缺、社会冲突等负面问题日益凸显，增加了企业的生产费用和人们的生活成本，逐渐抵消了规模聚集带来的经济效应。这些城市问题的累积不仅影响居民的选择，也影响工商业的选择。人们通过在城市间的“用脚投票”，来选择能满足其自身偏好的公共产品与税收负担的组合。这也使得地方财政显著地区别于国家财政，具有高度的竞争性。为吸引要素流入本地，地方政府不得不调整财政支出结构，大幅增加社会性事务支出，以便缓解上述列举的诸多“城市病”，而这又会挤压经济性事务的支出。图 3-1 展示了二十国集团（G20）的城市化与财政支出结构基本关系。可以明显地看出，城市化率与经济事务占比也呈现出反向变动关系，前者越高，则后者越低。财政支出结构的转变，将使公共部门的资金从生产率较高的部门流向较低的部门，公共部门的生产率增速由此进入下降通道，政府收入汲取能力衰减。然而，如前文所述，公共部门的支出成本反而呈现刚性增长态势。应当注意到，全球的城市化进程正处于加速阶段。比如，全球人口城市化率在1965 年为 35.53%，1975 年为 37.65%，1985 年为 41.13%，1995 年为 44.70%，2005 年为 48.99%，2015 年达到 53.86%，递增趋势十分明显。作为结果，各国财政缺口不断扩大。

在城市化中后期，财政支出结构转变节奏加快。在城市化进程中，随着人口聚集的收益和成本持续变化，城市化进程会出现由加速向减速的转变，当边际社会成本接近边际社会收益时，城市规模便趋于平衡。此后，"量"的扩张将逐渐让位于"质"的提升，城市化进程将出现由"聚集"向"扩散"的转型：在城市化中前期，人口从农村向城市聚集，形成大量单核的、以同心圆方式扩张的中心城市；在城市化中后期，人口从中心城区向郊区"扩散"，形成若干多中心的、低密度的大都市区。在此过程中，城市空间结构变化由单核向多中心过渡，城市发展重心由中心城区向郊区转移，城市与郊区的差别弱化。不可否认，城市化由"聚集"向"扩散"转型是"看不见的手"自发调节的结果，但也带来了新的挑战，需要"看得见的手"加以应对。尤其是，多中心的、低密度的大都市区客观上加重了诸如初等教育、卫生医疗、治安消防等公共服务的重复供给以及低效率等问题，此外，中心城市地位的下降还增加了政府间统筹协调的成本，令地方政治陷入碎片化的窘境。由此可见，在城市化中后期，城市化由“聚集”向“扩散”的转型将进一步加快财政结构转变速度，更多的财政资金将被使用于社会性事务，而非经济性事务。

非同步型城市化将使财政不堪重负。根据城市化进程与工业化和经济发展水平之间的协调性程度，世界各国的城市化可以分为两大类型：同步型城市化和非同步型城市化。同步型城市化，指城市化率与工业化率相互匹配，城市人口增加与人均国民收入提升基本一致。发达国家的城市化，基本上属于同步型。非同步型城市化，又可以细分为两种：一是滞后型城市化，即城市化进展大大落后于工业化和经济发展水平，城市的聚集效应无法得到充分发挥，这一现象较多地出现在东南亚和南亚国家；二是过度型城市化，即主要依靠服务业而非工业驱动的城市化，这一现象广泛地出现在拉美国家。在拉美国家，由于工业化进展缓慢，人口城市化速度远远快于城市建设步伐，城市无法提供必要的生活条件和就业机会，非正规性就业人员规模庞大，其收入水平和工作稳定性远不及正规部门，贫困率居高不下，贫民窟漫山遍野。非正规就业人群的广泛存在，给扩大社会保障覆盖面的宏观政策制造了障碍，因为那些灵活的就业群体很难被吸纳进来。日益庞大的城市人口需求，无论在软件的公共服务层面，还是硬件的基础设施层面，都难以得到有效的满足。

关于城市化进程中的财政问题，国内外文献进行了有益的探素。国外文献主要围绕城市公共财政的思路展开研究。城市公共财政问题的关键在于城市的特点和城市政府的职能（Glaeser，2012）。从城市特点看，由于劳动力和资本等要素可以自由流动，城市公共财政显著区别于国家财政，具有高度的竞争性（Wildasin，1986）。正如蒂鲍特（Tiebout，1956）所言，居民通过在城市之间的流动来选择公共产品和税负的组合，以求效用最大化。从城市政府职能看，城市政府掌握有限的权力，进行分权的治理，以吸引要素流入。在选举体制下，政府天然地具有赤字倾向（Buchanan and Wagner，1997），这一倾向在城市政府身上被放大了，费雷拉和瓦格纳（Ferreira and Gyourko，2009）对此进行验证，发现美国民主党和共和党在市长层面的施政行为的差异远小于总统和州长层面，更依赖财政扩张和赤字来赢得选民，而不是依靠财政巩固和增税。杰特和帕米特（Jetter and Parmeter，2009）研究了城市化对财政支出规模的决定性作用，利用跨国面板数据发现，城市人口数量每增加1%，财政支出规模将相应地增加0.2%。他们还发现，教育和卫生这两个单项支出占GDP的比重也与城市化率正相关。国内文献在研究城市化进程中的财政问题时，对于“物的城市化”所呈现出来的事半功倍的研究较为透彻，但对“人的城市化”将要暴露的事倍功半的研究很缺乏。在研究“人的城市化”时，大量文献测算了农民市民化成本。比如，张国胜（2009）测算出东部沿海地区第一代和第二代农民工市民化的“社会成本”①分别为9万元和10万元，内

① 涵盖社会保障成本、城镇基础设施建设成本、住房成本、生活成本和智力成本。

陆地区分别为5万元和6万元；国务院发展研究中心课题组（2011）测算出政府需支付的“公共服务成本”① 大约8万元，其中近期的保障房和随迁子女教育约占1/3，远期的养老保险约占40%—50%；潘家华和魏后凯（2013）测算的“公共成本”② 为13.1万元，其中东、中、西部地区分别为17.6万元、10.4万元、10.6万元。当然，也有研究认为上述研究夸大了户籍改革成本，与地级市户口挂钩的“基本公共服务和福利支出”仅为2211元（屈小博、程杰，2013），解决农民工户籍需当期支付的人均“公共成本”只有4025元（丁萌萌、徐滇庆，2014）。与测算农民市民化成本的文献不同，余华义（2015）在杰特和帕米特（2009）的基础上，利用省级面板数据验证了中国的城市化对财政支出规模的推动作用，并扩展了不同类型城市化的影响。

本章主要研究“人的城市化”引致的政府债务风险。在“人的城市化”进程中，政府支出行为将发生双重变化：一方面，支出规模扩张，即财政支出占GDP比重增加［Jetter and Parmeter（2009）和余华义（2015）所研究的正是这一问题］；另一方面，支出结构转变，即财政用于经济事务和非经济事务的资金比例“此消彼长”。深究下去，政府支出的规模扩张和结构转变对财政的挑战不可同日而语：前者所需的资金或许可以通过增加财政的建设性支出、拓宽财

① 包括住房、基本养老保险、居民合作医疗、社会保障费用、随迁子女的义务教育和城市管理费用。

② 文中将农民工市民化成本划分为公共成本、个人成本和企业成本三个组成部分。

政收入渠道等途径筹集，而后者将根本地改变公共资金的投资回报率，对政府收入汲取能力造成永久性的损伤，最终加剧财政收支缺口，令政府债务问题雪上加霜。进一步地看，城市化倒逼政府转变支出结构的直接后果，是将政府债务的基本属性从“建设性债务”逐渐扭转为“消费性债务”。由此而见，政府债务的性质和风险并非一成不变，深受财政支出结构影响，而财政支出结构又受制于城市化进程。简言之，“人的城市化”推动政府债务增长。这也意味着，中国建设性债务论[①]的认识基础并不牢固。本章的创新之处在于，从城市化的视角分析政府债务的膨胀，并探讨财政支出结构在其中的桥梁作用。在实证分析过程中，由于“人的城市化”与“物的城市化”侧重点并不相同，经济绩效也有所差异，所以很难通过“物的城市化”阶段的经历来推算出人的城市化阶段财政的转型与代价。当然，人的城市化阶段的财政规律并非无迹可循：今天的中国正在重复许多国家昨天的故事，一些先发国家在城市化进程中普遍经历了财政支出结构转型和政府债务膨胀，其中的经验和教训对于中国

① 一些研究认为，中国政府仍是一个经济建设型政府，尚未完成向公共服务型政府的转变（安体富、任强，2007），因此与西方国家的消费性财政比起来，中国财政有着显著的建设性特征（李永友，2009；付文林，沈坤荣，2012）。在那些发生债务危机的国家，政府债务融资的主要用途是弥合养老体系缺口、弥补公共消费亏空，以及进行收入再分配，相应的偿债资金只有通过“借新还旧”等办法筹措。而在中国，政府债务融资主要是用于基础设施建设和公益性项目，形成了土地储备、市政设施、交通设施、保障性住房等大量优质资产，有着可观的经营收入作为偿债来源，偿债基础较为坚固。总之，中国政府债务所对应的是优良的实物资产，与西方政府债务有着天壤之别（王国刚、张扬，2014；杨灿明、鲁元平，2015）。

而言具有重要的启示意义。

第二节　典型事实和待检验命题

图 3-2 报告了 1960 年以来世界人口和经济大国[①]的政府负债率与城市化率的基本关系。可以看出，在城市化进程中，无论是发达经济体，还是新兴经济体，都出现了政府债务负担随着城市化率的提高而加重的现象。那么，城市化与政府负债同步增加的现象，究竟是一种必然，还是纯属巧合？

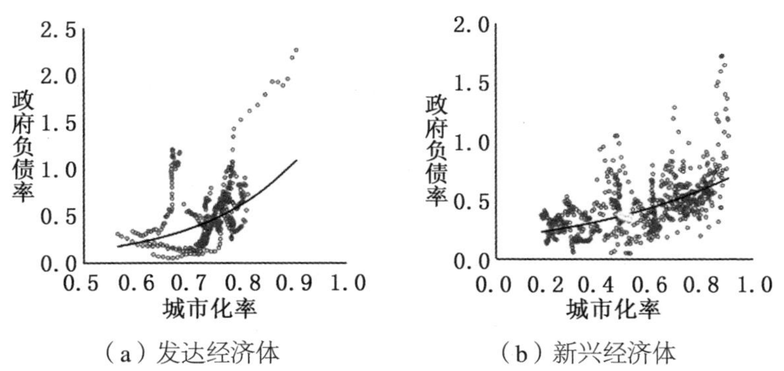

注：选取的世界人口和经济大国为人口总量和 GDP 总量世界排名皆处于前 50 位的国家。

图 3-2　世界人口和经济大国的城市化率与政府负债率

对此问题，可以通过一个理论模型来认识两者之间的联系。在

---

① 本章未将规模较小的国家纳入分析范围，主要考虑是小国城市化路径可能与大国差异较大，借鉴意义不强。

理论推演的过程中，本章借鉴杰特和帕米特（2009）的建模思路，并沿用其理论假设。假定城市人口数量为 c，农村人口数量为 n。代表性城市居民和农村居民的收入水平分别为 y 和 z，消费的私人品分别为 s 和 t，公共品分别为 g 和 h，其中公共品消费量 g 和 h 为城乡人口数量 c 和 n 的增函数，即 $g_c > 0$、$h_n > 0$。由于城市空间相对狭小，人口密度总体较高，客观上就需要更多的公共品来应对拥挤问题，这可以表示为 $g/y > h/z$。代表性城市居民和农村居民预算约束分别为：

$$y = pg + qs \tag{16}$$

$$z = ph + qt \tag{17}$$

式（16）和式（17）中，p 和 q 分别为公共产品和私人产品的价格。在配比公共产品和私人产品时，代表性城市居民效用 U 和代表性农村居民效用 V 实现最大化的临界条件可以描述为：

$$\frac{U_g}{U_s} = \frac{V_h}{V_t} = \frac{p}{q} \tag{18}$$

式（18）中，U_g 为代表性城市居民的效用对公共产品消费量 g 的偏导数，U_s 为其效用对私人产品消费量 s 的偏导数；V_h 为代表性农村居民的效用对公共产品消费量 h 的偏导数，V_t 为其效用对私人产品消费量 t 的偏导数。

假定政府在提供公共产品时出现了入不敷出的情形，资金缺口与公共产品供给总额的比值为 k。为此，政府举借了规模为 D 的债务。于是，政府负债率可以表述为财政资金缺口比值和财政支出规模的函数：

$$\frac{D}{Y}=k\cdot\frac{cg+nh}{cy+nz} \tag{19}$$

进一步地，通过对式（19）求导，可以分别观察政府负债率随着城市居民和农村居民数量变化的走势：

$$\left(\frac{D}{Y}\right)_c=\frac{k}{Y^2}\left[(g+cg_c)(cy+nz)-y(cg+nh)\right] \tag{20}$$

$$\left(\frac{D}{Y}\right)_n=\frac{k}{Y^2}\left[h(cy+nz)-z(cg+nh)\right] \tag{21}$$

式（20）和式（21）分别为政府负债率对城市人口数量和农村人口数量的偏导数。在城市化进程中，城市居民数量的增加对应着农村居民数量的减少，即 $\Delta c+\Delta n=0$。由此求得政府负债率在城乡人口迁徙过程中的相对变化量：

$$\left(\frac{D}{Y}\right)_c-\left(\frac{D}{Y}\right)_n=\frac{k(c+n)}{Y^2}\left[g_cY\frac{c}{(c+n)}+yz\left(\frac{g}{y}-\frac{h}{z}\right)\right] \tag{22}$$

式（22）表明，政府负债率的增幅受到城市化率 $c/(c+n)$ 等因素的影响。由于 $gc>0$、$g/y>h/z$，可以推断式（22）的值恒为正数。换言之，随着人口从农村向城市转移，政府负债率必然上升，城市化与政府负债同步增加的现象绝非偶然，前者对后者起着重要的推动作用。接下来，需要由表及里地分析城市化影响政府债务的机制。需要说明的是，杰特和帕米特（2009）的研究是从支出端探讨了城市化对公共财政的影响。不应忽视的是，城市化对公共财政的影响还表现在收入端。在城市化进程中，政府的收入汲取能力也发生了变化，而财政支出结构的转变在其中扮演了非常重要的角色。假定财政资金主要投向两类公共产品：基础设施和社会秩序。其中，前者占用的财政资金为 A，后者占用的财政资金为 B，两者的投资回报率分别为 r_1 和 r_2。财政资金缺口比值 k 可以转化为财政支出结构和财政资金投资回报率的函数：

$$k = 1 - r_2 - (r_1 - r_2) \cdot \frac{A}{A + B} \tag{23}$$

结合式（19）和式（23），可以得到政府负债率的函数表达形式：

$$\frac{D}{Y} = \left[1 - r_2 - (r_1 - r_2) \cdot \frac{A}{A + B}\right] \cdot \frac{cg + nh}{cy + nz} \tag{24}$$

式（24）表明，政府负债率直接受到三大因素的影响：财政资金回报率、财政支出规模和财政支出结构。那么，城市化在政府债务膨胀的过程中究竟发挥什么作用？关于这一点，可以借助类似于式（22）的推导过程来加以识别。式（25）和式（26）分别为财政支出规模和财政支出结构在城乡人口迁徙过程中的相对变化量：

$$\left(\frac{D/k}{Y}\right)_c - \left(\frac{D/k}{Y}\right)_n = \frac{1}{Y^2}\left[cg_cY + yz\,(c + n)\left(\frac{g}{y} - \frac{h}{z}\right)\right] \tag{25}$$

$$\left(\frac{A}{A + B}\right)_c - \left(\frac{A}{A + B}\right)_n = AB\left(\frac{A_c - A_n}{A} - \frac{B_c - B_n}{B}\right) \tag{26}$$

可见，城市化率影响了财政支出的规模和结构，而城市化对政府债务的影响也是通过财政支出规模扩张和结构转变的传导才得以实现。与式（22）同理，式（25）的值也为正数。鉴于城市人多地少，而农村地广人稀，前者的社会秩序供给缺口较大，而后者的基础设施供给缺口较大，这可以表示为，A_c 小于 A_n，B_c 大于 B_n。由此推断，式（26）的值为负数。也就是说，随着人口从农村向城市转移，财政支出规模增加了，财政支出结构也变化了，财政资金用于基础设施的比重下降了。鉴此提出：

命题 1：随着城市化的深入，政府逐渐将财政重心从建设性项目转移到社会性项目。

关于命题 1，图 3-3 可以提供一些初步的证据。可以看出，在世界城市化进程中，财政资金用于经济事务的比重总体上趋于下降，而随着财政支出于经济事务的比重降低，政府的财政风险便不断走高。换言之，财政支出结构在城市化和政府债务之间近乎扮演了桥梁的作用。

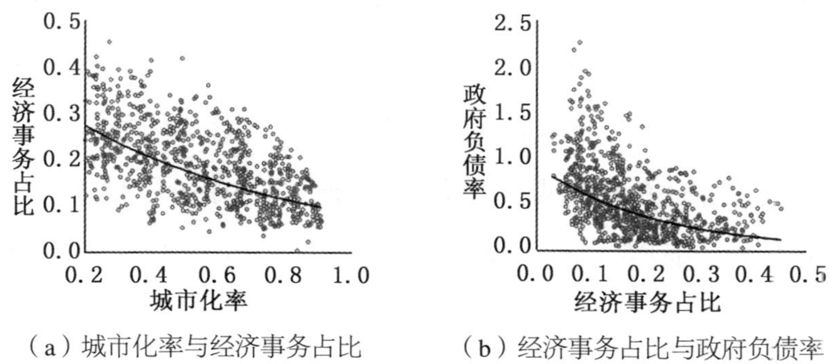

（a）城市化率与经济事务占比　　（b）经济事务占比与政府负债率

图 3-3　世界人口和经济大国的城市化率、财政支出结构与政府负债率

当然，城市化率和政府负债率之间并非简单的线性关系。关于这一点，可以从图 3-2 中窥得一斑：就政府负债率对城市化率的斜率而言，发达经济体明显高于新兴经济体；就新兴经济体在城市化不同阶段的政府负债率而言，城市化的中后期明显高于中前期。图 3-4 对此提供了进一步的佐证。从总体走势看，政府负债率平均值和中位数大致可以分为两大阶段：稳定阶段和递增阶段。在城市化率处于 55%以前，政府负债率的平均值和中位数相对稳定地处于较低的水平，略有波动。在城市化率处于 55%以后，政府负债率的平均值和中位数均出现了较为明显的递增。为什么政府负债率在城市化进程的不同阶段呈现出不同的趋势？这一特征与城市化 S 形曲线比较吻合。根据联合国（United Nations，1975）的研究，城市化进程在城市化中前期呈现出加速态势，在城市化中后期呈现出减速态势，若将前后两期结合起来，整个城市化进程就呈现出拉伸状的 S 形。诺瑟姆（Northam，1979）不同于联合国的两阶段划分，他将城市化进程分为三个阶段——初始阶段、加速阶段和减速阶段，并给出了 S 形城市化水平时间路径曲线图。① 如果把图 3-4 和城市化 S 形曲线联系起来，可以发现：政府负债率的稳定阶段，大致对应着城市化的中前期，对应着城市化的初始阶段和加速阶段；政府负债率的递增阶段，大致对应着城市化的中后期，对应着城市

① 值得一提的是，焦秀琦（1987）将 S 形城市化曲线的出处确定为美国经济地理学者诺瑟姆编著的《经济地理》一书，并冠名为“诺瑟姆曲线”。此后，中国国内与城市化曲线有关的研究大多提及诺瑟姆的贡献，而忽略了联合国的研究。

化的减速阶段。

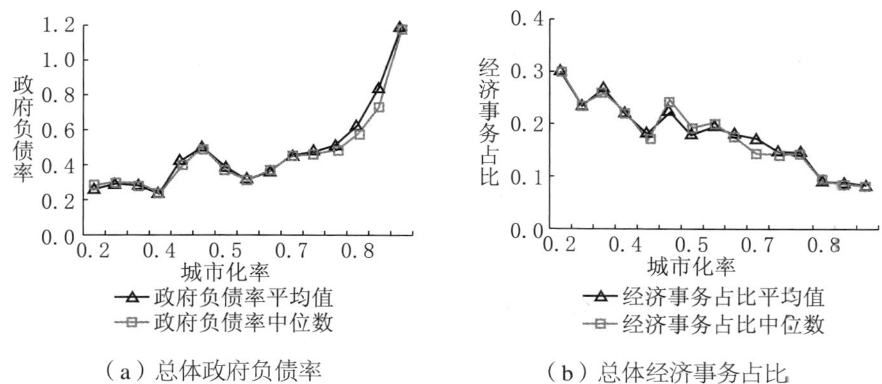

（a）总体政府负债率　　（b）总体经济事务占比

注：政府负债率平均值为城市化率变化幅度在5%以内的政府负债率算术平均值，政府负债率中位数为城市化率变化幅度在5%以内的政府负债率中位数。经济事务占比平均值和经济事务占比中位数的计算方法与此相同。

图 3-4　世界人口和经济大国的总体政府负债率和经济事务占比

为什么城市化率55%成为政府负债率阶段性转换的临界值？实际上，关于城市化“S”形曲线的研究，往往提出50%是城市化由加速向减速转变的拐点（陈明星、叶超、周义，2011；李恩平，2014）。应当注意到，这些研究结论建立在一个重要的前提假设基础上，即城乡人口增长率差保持不变。本章所发现的城市化率与政府负债率的这个临界值纯粹是基于统计现象，而非理论假设。无独有偶的是，政府负债率在城市化进程中阶段性转换的临界值，也对应着财政支出结构在城市化进程中阶段性转换的临界值。图3-4还报告了各国财政支出中的经济事务所占比重，初步描述了财政结构调整的大方向。可以发现，随着城市化率的提高，财政支出的经济事务占比出现了波动性下降的趋势。当城市化率超过 55%后，经济事务占比的平均值和中位数也都出现了较为严格的递减。基于这一典型事实提出：

命题 2：在城市化的中前期和中后期，城市化的财政代价将出现阶段性转换。

第三节　数据来源、计量方法和结果

考虑到政府行为也影响了城市化进程，因此，城市化与财政支出、政府债务之间可能存在一定程度的双向因果关系，尝试引入工具变量和滞后期变量等办法来缓解模型中的内生性问题。在理论推演的基础上，建立如下的计量回归模型：

$$debt_{it} = \beta_0 + \beta_1 \cdot urban_{it} + \beta_2 \cdot debt_{it}\_lag1 + \gamma \cdot X_{it} + \eta_t + \xi_i + \varepsilon_{it} \quad (27)$$

其中，下标 t 和 i 分别代表第 t 个年份和第 i 个国家（地区），$debt_{it}$ 代表政府负债率，$urban_{it}$ 代表城市化率，$debt_{it}\_lag1$ 为滞后一期的政府负债率，用来控制初始条件的差异，X_{it} 是控制变量，包括人均 GDP、三产占比、开放程度、城市首位率、社会抚养比、预期寿命和人口规模，分别用来控制经济发展阶段、产业服务化、贸易开放效应、城市规模结构、人口红利、国家规模等因素的影响，η_t 和 ξ_i 分别为年份哑变量和国家哑变量，β_0 是常数项，β_1 和 γ 是估计系数，

ε_{it} 是随机扰动项。

为了进一步降低内生性可能带来的偏误或非一致，还采用了工具变量广义矩估计（IV-GMM）。其中，工具变量选取的是耕地面积占国土面积的比重。从工具变量与内生解释变量的相关性上看，耕地占比与城市化高度相关；从工具变量与随机误差项的相关性上看，在各国耕地保护政策的作用之下，耕地面积是外生于财政支出规模和结构的。关于这一点，随后进行的 Kleibergen-Paap rk LM 检验、Cragg-Donald Wald F 检验和 Hansen 检验给出了证据，验证了工具变量选取的合理性和外生性。为了区分政府债务自我强化机制（即当期政府负债率会影响下一期政府负债率）的影响，还构建了动态面板模型，采用了系统广义矩估计（SYS-GMM），并进行了 Arellano-Bond 检验和 Hansen 检验。

式（24）—式（26）表明，财政支出规模和结构共同将城市化的影响传递给了政府债务。鉴于杰特和帕米特（2009）已经通过跨国面板数据检验了城市化与财政支出规模之间的正相关关系，在揭示城市化与政府债务之间的传导机制时将侧重点放在财政支出结构上。下面通过两个方程来分析财政支出结构的桥梁作用：一是城市化水平影响了政府支出结构，经济事务占比下降（式 1-27）；二是政府支出结构影响了政府债务水平（式 1-28）：

$$economic_{it} = \beta_0 + \beta_1 \cdot urban_{it} + \beta_2 \cdot economic_{it}\_lag1 + \gamma \cdot X_{it} + \eta_t + \xi_i + \varepsilon_{it} \quad (28)$$

$$debt_{it} = \beta_0 + \beta_1 \cdot economic_{it} + \beta_2 \cdot debt_{it}\_lag1 + \gamma \cdot X_{it} + \eta_t + \xi_i + \varepsilon_{it} \quad (29)$$

其中，$economic_{it}$ 代表财政支出结构中经济事务所占的比例，$economic\_lag1$ 为滞后一期的经济事务占比，用来控制财政支出结构初始条件的差异。式（28）、式（29）中的控制变量 X_{it} 与式（27）类似。为区分财政支出的结构因素和规模因素的不同影响，式（29）中的控制变量还包括了财政支出规模。

本章使用的面板数据包含26个世界人口和经济大国。由于数据的可获得性问题，文中所用数据时间跨度是1960—2010年。政府负债率（即政府债务与GDP的比率）、财政支出规模（即财政支出与GDP的比率）、经济事务占比（即财政支出用于经济事务的比重）、人均GDP和三产占比（即第三产业产值占GDP的比重）的数据来自联合国数据库、世界银行数据库、国际货币基金组织数据库、经济合作与发展组织数据库、宾夕法尼亚大学世界统计表、Jeanne and Anastasia（2006）、Jaimovich and Panizza（2010）、Reinhart and Rogoff（2011），以及相关国家政府网站。城市化率（即城市人口占总人口的比重）、耕地占比（即耕地面积占国土面积的比重）、开放程度（即进出口总额与GDP的比值）、社会抚养比（即14岁以下人口和65岁以上人口占总人口的比重）、人口规模、预期寿命数据来自世界银行数据库。城市首位率，参照王贤彬、谢小平、杨本建（2014）的研究，以最大城市的居民数与整个城市体系的居民总数之比表示，数据来自联合国数据库、世界银行数据库和各国政府网站。

变量描述性统计如表 3-1 所示。

表 3-1　变量的描述性统计

变　量	观测值	平均值	最小值	最大值	中位数	标准差
城市化率	1326	0.589	0.146	0.910	0.647	0.196
耕地占比	1326	0.224	0.015	0.663	0.206	0.153
经济事务占比	1108	0.153	0.002	0.454	0.138	0.085
财政支出规模	1157	0.257	0.094	0.601	0.229	0.103
政府负债率	1202	0.458	0.032	2.259	0.388	0.322
人均 GDP	1268	1.444	0.009	9.688	0.926	1.487
三产占比	1255	0.519	0.197	0.788	0.514	0.123
开放程度	1214	0.118	0.032	0.229	0.123	0.039
城市首位率	1250	0.140	0.020	0.453	0.096	0.115
社会抚养比	1326	0.355	0.273	0.505	0.346	0.039
人口规模	1326	0.965	0.077	12.310	0.532	1.587
预期寿命	1326	73.571	74.212	82.932	45.384	5.451

注：人均 GDP 的单位为万美元，人口规模的单位为亿。

为消除异方差的影响，计量回归中的各组数据，均取自然对数。在考察城市化代价的阶段性转换时，本章对城市化率在 55%前后的政府负债率和经济事务占比进行 Chow 检验，结果发现其 F 统计量分别为 7.975 和 10.649，即在 1%的置信水平上可以拒绝“55%不是城市化影响的结构性断点”的假设。鉴此，在计量分析中单独回归了城市化率在 55%以后的样本，以捕捉城市化中前期与中后期影响的系统性差异。

表 3-2 给出了城市化与政府债务之间总体关系的回归结果。其中，第（A)(C)(E）列是全体样本的回归结果，第（B)(D)(F）列是城市化率大于 55％的样本回归结果。固定效应、IV-GMM 和 SYS-GMM 的回归结果显示，城市化率的影响系数在不同的统计显著性水平上为正数。也就是说，政府债务负担加重的现象与城市化进程有着必然的联系。当然，通过比较第（A)(C)(E）列和第（B)(D)(F）列的回归结果，可以发现两个细微的差别：一是城市化率的 t 值在城市化率 55％以后的样本里更高，显著性更强；二是城市化率的斜率在城市化率 55％以后的样本里略大一些。可见，当城市化率大于 55％后，政府债务受城市化的影响程度更大、更显著。或者说，城市化对政府债务的推动作用，在城市化的不同阶段出现了差异。相对于城市化的中前期，在中后期所推进的城市化，将出现更大的债务风险。Cragg-Donald Wald F 检验、Kleibergen-Paap rk LM 检验、AR（A）检验、AR（B）检验和 Hansen 检验结果显示，选择耕地占比作为工具变量以及选择滞后一期因变量的做法是恰当的。在其他控制变量方面，人均 GDP、三产占比和社会抚养比的影响系数显著为正。总之，“城市化推动政府债务增长”以及“城市化的财政代价在城市化率 55％以后会出现阶段性转换”的结论具有稳健性。

进一步追问，为什么城市化的影响在中后期会出现阶段性转换呢？其中奥秘在于生产要素的流向。在城市化进程中，生产要素得到了重新配置。其中，在城市化中前期，生产要素主要是从第一产

表 3-2　城市化率政府负债率的影响

解释变量	FE		IV-GMM		SYS-GMM	
	（A）	（B）	（C）	（D）	（E）	（F）
城市化率	0.013** （2.011）	0.017** （2.139）			0.006* （1.765）	0.012*** （2.831）
耕地占比			－0.005** （－2.327）	－0.011*** （－2.966）		
政府负债率滞后一期					0.707*** （6.286）	0.615*** （7.253）
人均 GDP	0.113** （2.003）	0.134* （1.687）	0.095* （1.731）	0.076** （2.084）	0.061** （1.985）	0.055** （2.071）
三产占比	0.010* （1.663）	0.013* （1. 651）	0.006** （2.081）	0.003* （1.711）	0.002* （1.734）	0.004* （1.805）
开放程度	－0.034* （－1.713）	－0.032 （－1.262）	－0.025 （－1.095）	－0.024 （－1.196）	－0.020* （－1.727）	－0.015 （－0.743）
城市首位率	0.156 （1.445）	－0.152* （－1.710）	－0.033 （－1.341）	－0.048** （－2.361）	0.161* （1.821）	－0.362* （－1.786）
社会抚养比	0.074* （1.681）	0.065* （1.708）	0.045** （2.174）	0.055* （1.676）	0.043** （2.118）	0.052* （1.913）
人口规模	－0.348 （－0.797）	－0.252 （－0.299）	－0.398 （－1.549）	－0.386 （－0.734）	－0.284 （－0.624）	－0.257 （－0.902）

（续表）

解释变量	FE		IV-GMM		SYS-GMM	
	（A）	（B）	（C）	（D）	（E）	（F）
预期寿命	−0.001* （−1.728）	−0.003* （−1.698）	−0.002* （−1.851）	−0.001* （−1.694）	−0.002* （−1.847）	−0.002 （−1.617）
常数项	0.743* （1.723）	0.425 （1.368）	0.608* （1.653）	1.322 （0.616）	0.382 （1.128）	0.285 （0.952）
Cragg-Donald Wald F 检验值			39.268	36.107		
Kleibergen-Paap rk LM 检验 p 值			0.000	0.000		
AR（1）检验 p 值					0.000	0.000
AR（2）检验 p 值					0.327	0.451
Hansen 检验 p 值			0.433	0.315	0.506	0.283
拟合优度 R^2	0.258	0.273	0.310	0.292		
观测值	1202	768	1061	768	1061	768

注：系数下括号内为 t 值。***、** 和 * 分别表示通过显著性水平为 1%、5%和 10%的统计检验。（A）（C）（E）为全体样本的回归结果，（B）（D）（F）为城市化率在 55%以后样本的回归结果。

业流出，流入第二产业和第三产业。若以生产率衡量，生产要素在此期间是从相对低生产率的部门流向了相对高生产率的部门。因此，在城市化中前期，全社会生产率增速进入的是上升通道，宏观经济增长所以出现了“结构性加速”（袁富华，2012）。企业、居民和政府的收入汲取能力可以得到保障，能够覆盖生产费用、生活成本和公共开支。在城市化中后期，生产要素主要是从第二产业流出，流入第三产业。若以生产率衡量，生产要素在此期间是从相对高生产率的部门流向了相对低生产率的部门。因此，在城市化中后期，全社会生产率增速进入的是下降通道，宏观经济增长所以出现了“结构性减速”。在此期间，企业、居民和政府的收入汲取能力受到损害，而经济系统的“成本病”（Baumol，1967）日益凸显，致使有效需求和资本积累不足等问题越来越突出，为此，政府不断地用扩大公共部门需求的办法来弥补私人部门需求，用扩大政府投资的办法来弥补企业投资，从而，公共部门支出扩张速度快于收入汲取速度，公共债务问题便浮出水面，在一些国家，公共债务逐渐置换了私人债务。总而言之，城市化推动了生产要素流向变化，使得要素在高生产率部门与低生产率部门之间转移，进而从收入和支出两个层面冲击了公共财政。

表 3-3 给出了式（14）的回归结果，检验了城市化对财政支出结构的影响。其中，第（A）（C）（E）列是全体样本的回归结果，第（B）（D）（F）列是城市化率大于 55％的样本回归结果。固定效应、IV-GMM 和 SYS-GMM 的回归结果均显示，城市化率对经济事务占

比影响系数的符号显著为负，即财政支出中用于经济事务的资金比例随着城市化率的提高而逐渐下降。结果还显示，城市化率在全体样本中的斜率和统计显著性水平均不及高城市化率样本。可以看出，当城市化率超过55%以后，城市化率对政府支出结构的影响更大。关于这一点，可以从城市空间形态上解释：在城市化中后期，城市空间形态也发生了深刻的变化，出现了由“聚集”向“扩散”的转型。如果以城市化率55%为界，发达国家在20世纪中期均以跨入城市化的中后期，此后，这些国家的人口转移发生了变化，由从农村向城市聚集转变为从中心城区向郊区扩散，以同心圆方式扩张的中心城市逐渐地让位于多中心的、低密度的大都市区（王旭，2014）。城市从水平蔓延转向多中心分布（魏守华、陈扬科、陆思桦，2016），固然是“看不见的手”作用的结果，但也带来了一些负面问题，比如教育、医疗、治安、消防等的重复建设以及低效率运营等，客观上推动了政府从“守夜人”向“保育员”（毛捷、管汉晖、林智贤，2015）转型，加速了财政支出结构转变的节奏。

表3-3的计量回归结果，可以回答表3-2在总体关系分析时遗留的一个重要疑问：既然在城市化中前期，全社会生产率增速进入了上升通道，经济增长出现了“结构性加速”，但为什么城市化率对政府债务的影响系数依然显著为正，尽管其数值和显著性水平低于城市化的中后期。本章以为，其中答案在于公共部门的要素流向。在整个城市化进程中，随着人口涌入城市，城市出现了一系列的外部性问题，在解决这些问题的过程中，财政支出结构不断地进行调

表 3-3　城市化率对经济事务占比的影响

解释变量	FE		IV-GMM		SYS-GMM	
	（A）	（B）	（C）	（D）	（E）	（F）
城市化率	−0.058* （−1.810）	−0.069** （−2.345）			−0.022* （−1.725）	−0.037** （−2.413）
耕地占比			0.013** （2.122）	0.0178** （2.367）		
经济事务占比滞后一期					0.827*** （9.019）	0.727*** （8.178）
人均 GDP	−0.347 （−1.593）	−0.251* （−1.832）	−0.116* （−1.778）	−0.132* （−1.690）	−0.221** （−2.090）	−0.020 （−1.538）
三产占比	−0.014* （−1.816）	−0.011* （−1.727）	−0.012* （−1.681）	−0.010* （−1.870）	−0.009** （−2.173）	−0.013* （−1.769）
开放程度	0.094 （0.860）	−0.008 （−1.193）	0.222 （0.906）	0.364 （0.671）	0.552 （0.359）	0.142 （0.479）
城市首位率	−0.141 （−1.018）	0.147 （1.531）	0.038 （1.074）	0.041* （1.823）	−0.179* （−1.858）	0.253** （2.159）
社会抚养比	−0.062* （−1.908）	−0.052 （−1.529）	−0.031** （−2.097）	−0.035* （−1.847）	−0.020* （−1.778）	−0.024* （−1.701）
人口规模	0.020 （0.599）	0.010 （0.437）	0.014 （1.634）	0.017 （0.887）	−0.011 （−0.160）	0.025 （0.683）
预期寿命	0.006** （2.401）	−0.007* （−1.721）	0.001 （1.622）	0.004 （1.590）	−0.003 （−0.414）	0.007 （0.766）

（续表）

解释变量	FE		IV-GMM		SYS-GMM	
	（A）	（B）	（C）	（D）	（E）	（F）
常数项	0. 115 （0.998）	0.292 （0.754）	0.277 （0.498）	0.348 （0.674）	－0.570 （－0.956）	－0.483 （－0.895）
Cragg-Donald Wald F 检验值			51.236	36.575		
Kleibergen-Paap rk LM 检验 p 值			0.000	0.000		
AR（1）检验 p 值					0.000	0.000
AR（2）检验 p 值					0.301	0.425
Hansen 检验 p 值			0.618	0. 503	0.325	0.216
拟合优度 R^2	0.262	0.277	0.310	0.287		
观测值	1202	768	1061	768	1061	768

注：系数下括号内为 t 值。***、** 和 * 分别表示通过显著性水平为 1%、5%和 10%的统计检验。（A）（C）（E）为全体样本的回归结果，（B）（D）（F）为城市化率在 55%以后样本的回归结果。

整，经济事务占比下降，建设性项目减少，而非经济事务占比上升，社会性项目增多。若以生产率衡量，生产要素在公共部门内部出现了从高生产率项目（即建设性事务）向低生产率项目（即社会性事务）的流动。如此，公共部门内部的生产率增速进入下降通道，进而出现收入汲取能力和支出扩张速度背道而驰的现象，公共债务问题露出苗头。当然，公共部门的要素流向与全社会的要素流向并不总是保持一致。在城市化中前期，公共部门和私人部门要素流向相反，在此期间，私人部门的生产要素是从低生产率行业流向高生产率行业，因此，财政支出结构对政府债务的不利影响在一定程度上被经济增长“结构性加速”抵消了，公共财政缺口及相应的债务问题从而被部分地掩盖了。在城市化中后期，公共部门和私人部门要素流向趋同，都是从高生产率项目流向低生产率项目，对公共财政收支都形成负面的冲击，并形成叠加效应，将此前被部分掩盖的公共债务“盖子”掀了起来。

表3-4给出式（15）的回归结果，检验了财政支出结构对政府债务的影响。表中显示，经济事务占比对政府债务率的影响系数均为负数，并且通过了显著性水平为5%的统计检验。也就是说，政府支出重心从建设性项目向社会性项目的转变，是政府负债率增加的重要原因。值得注意的是，同式（13）和式（14）比较起来，式（15）的回归结果中并未出现城市化率大于55%的样本比全体样本解释变量系数统计显著水平更高的情况。这意味着，城市化率处于55%前后，财政投资的效率并没有发生实质性变化。

表 3-4　经济事务占比对政府负债率的影响

解释变量	FE		SYS-GMM	
	（A）	（B）	（C）	（D）
经济事务占比	－0.340** （－2.253）	－0.137* （－1.848）	－0.152** （－2.331）	－0.186** （－2.119）
政府负债率滞后一期			0.493*** （6.185）	0.579*** （9.301）
财政支出规模	0.062** （2.120）	0.112** （2.164）	0.034* （1.689）	0.032* （1.854）
人均 GDP	0.222 （1.642）	0.182* （1.723）	0.097* （1.839）	0.118* （1.702）
三产占比	0.055* （1.687）	0.057** （2.223）	0.017* （1.731）	0.019* （1.696）
开放程度	－0.035 （－0.385）	－0.032 （－0.525）	0.020 （1.375）	0.014* （1.672）
城市首位率	0.211* （1.753）	0.362* （1.915）	－0.018 （－1.638）	0.023* （1.756）
社会抚养比	0.009* （1.925）	0.014* （1.823）	0.007** （2.120）	0.008* （1.947）
人口规模	0.002 （1.573）	0.001* （1.679）	0.002 （0.882）	0.003 （0.734）
预期寿命	0.001** （2.212）	0.001** （1.976）	0.001* （1.724）	0.002 （1.060）
常数项	1.418* （1.868）	0.301 （1.611）	0.091 （0.405）	0.084 （0.865）
AR（1）检验 p 值			0.000	0.000
AR（2）检验 p 值			0.218	0.306
Hansen 检验 p 值			0.209	0.186
拟合优度 R^2	0.249	0.267		
观测值	1202	768	1061	768

注：系数下括号内为 t 值。***、** 和 * 分别表示通过显著性水平为 1%、5% 和 10% 的统计检验。（A）（C）为全体样本的回归结果，（B）（D）为城市化率在 55% 以后样本的回归结果。

第四节　对传导机制的延伸探讨

通过上述分析，可以大致看出人口城市化进程中财政转型方向：财政支出重心逐渐由建设性项目转向社会性项目。如果打破砂锅问到底，社会性项目种类繁多，政府究竟如何在其中分配蛋糕呢？比如，一般公共服务支出、公共秩序和安全支出、娱乐支出文化和宗教支出、教育支出、卫生支出、环境保护支出、社会保障和福利支出，这些不同的社会性项目在城市化进程中如何分配财政资金？本章计算了 1960 年以来世界人口和经济大国社会性项目所占用财政资金比例，随着城市化率提高的变化情况（见表 3-5）。计算结果显示，不同的社会性项目在城市化进程中所占用的财政资金趋势出现了明显的分化：在城市化中前期，一般公共服务支出、公共秩序和安全支出、教育支出所占用的财政资金较多；在城市化中后期，社保和医疗领域的支出持续增加，并且，社会保障和福利支出成为财政支出的主要部分。可以看出，在城市化率提高的过程中，一些社会性项目占用财政资金的比重明显增加，而另一些项目则不明显。其中原因，可能在于一些更深层次的因素形成了倒逼机制，迫使各国财政在转型过程中区分出“轻重缓急”。总之，在城市化进程中，政府财政用于社会性项目的资金并非“撒胡椒面”，没有出现“齐步走”现象。那些压缩下来的建设性项目资金，通常被更多地使用于社会保障和福利支出，以及卫生支出。

表 3-5 世界人口和经济大国的社会性项目占用财政资金比例（%）

城市化率	一般公共服务		公共秩序和安全		娱乐、文化和宗教		教育		卫生		环境保护		社会保障和福利	
	均值	中数	均值	中数	均值	中数	均值	中数	均值	中数	均值	中数	均值	中数
20	16	13	7	7	1	1	7	8	2	2	2	3	3	3
25	12	12	6	7	1	1	8	8	3	3	4	3	4	3
30	14	13	4	5	1	1	10	12	4	3	3	2	3	3
35	13	13	2	2	2	2	11	12	4	3	4	3	5	4
40	12	11	2	2	2	2	14	16	3	3	4	3	5	5
45	11	10	4	4	2	2	13	12	3	3	4	4	6	7
50	10	10	5	5	1	1	12	13	3	3	4	3	8	9
55	12	11	5	6	1	1	13	14	5	5	3	2	12	13
60	11	11	4	4	1	1	14	15	6	7	2	2	20	18
65	10	9	5	5	1	1	14	13	7	8	2	2	22	23
70	8	8	5	6	1	1	12	11	9	10	2	2	24	23
75	6	6	3	4	1	1	8	9	11	10	2	2	31	32
80	7	6	3	3	1	1	7	7	11	13	3	3	33	35
85	6	6	5	5	1	1	8	7	12	12	3	4	38	39
90	5	5	4	3	1	1	7	7	12	13	3	3	46	47

注：均值为城市化率变化幅度在 5 以内的财政支出项目比重算术平均值，中数为城市化率变化幅度在 5 以内的财政支出项目比重中位数。

为什么在城市化中后期，各国教育支出的财政资金占比明显下降，而社会保障和福利支出、卫生支出的财政资金占比大幅上升呢？其中一个答案就在于人口结构转变。与社会性项目结构大幅变化相映衬的是，各国人口在快速的老龄化：老年人口占比不断提高，少子化趋势明显，少儿占比走低。人口老龄化不但拖累了经济增长，压缩了税基，还增加了养老支出和卫生支出，抬高了福利成本，公共财政入不敷出问题因此越来越明显。值得注意的是，人口老龄化仅仅是社会性项目结构变化的一个方面。在另一方面，社会保障制度也在推波助澜。众所周知，当今世界多数国家都已建立了三个支柱的养老保障制度。其中，国家举办的基本养老保险是第一支柱，企业举办的补充养老保险构成第二支柱，个人购买的商业养老保险成为第三支柱。当然，不同的国家养老金结构并不相同。一些国家过分依赖于作为第一支柱的基本养老保险，从而普遍地出现了养老金替代率过高、待遇率严重失衡、养老金财富超出支付能力等一系列问题，并为此付出了沉重代价——公共财政不得不由少到多、由浅到深地介入，成为除雇主和雇员外的法定第三方缴费者。一言以蔽之，人口老龄化使得那些“福利国家”无法继续维持过度慷慨的福利保障，令其亦步亦趋地走向了“债务国家”（郑秉文，2011）。

上述分析得出的国际经验能够解释中国现实问题吗？尤其是中国常住人口城市化率在2015年末达到56.1%，城市化的财政代价是否也出现了阶段性转换？（1）从公共部门看，中国的财政支出结构正快速变化。根据国际货币基金组织提供的按照职能分类的财政支出数据（见表3-6），中国的经济事务支出占用财政资金的比例明显下降，财政的建设性成分趋弱，而非经济事务支出占用财政资金的比例明显上升，财政的社会性成分凸显。可以看出，虽然中国的财

表 3-6　中国的建设性项目和社会性项目占用财政资金比例的消长（%）

年份	经济事务	一般公共服务	公共秩序和安全	娱乐、文化和宗教	教育	卫生	环境保护	社会保障和福利
2005	38	26	5	2	10	2	3	8
2006	38	18	5	2	9	2	3	17
2007	45	9	4	1	8	2	1	13
2008	31	11	5	2	14	4	2	18
2009	32	10	5	2	14	4	2	20
2010	32	10	5	2	13	5	2	20
2011	30	10	5	2	13	3	2	24
2012	28	10	5	2	14	3	2	25
2013	28	10	5	2	13	3	2	26

资料来源：国际货币基金组织。

政支出结构表现出建设性特征，但又呈现出消费性倾向。其中，建设性特征体现在外国与中国的横向比较，即中国的财政资金较多地使用于经济事务，消费性倾向体现在过去与现在的纵向比较，即当前的财政资金越来越多地使用于非经济事务。要素在公共部门内部的变化，必然影响中国政府的收入汲取能力和成本扩张速度。这也意味着，在研究中国的公共财政时，如果只看建设性特征而无视消费性倾向，便容易滋生盲目乐观情绪。当然，如果只看消费性倾向而不顾建设性特征，就容易出现过度悲观论调（李猛，2015）。（2）从支出项目看，中国的社会保障和福利支出正快速膨胀。根据《中国统计年鉴》所报告的城市化率数据，结合表 3-5 展现的国际经验，2013 年中国社会保障和福利支出占用财政资金比例

“理应”比 2005 年上升 6、7 个百分点。然而在现实中，2013 年中国社会保障和福利支出占用财政资金比例实际比 2005 年上升了 18 个百分点。值得注意的是，政府在城市化进程中通过补缴社保等多种方式扩大了作为第一支柱的基本养老保险的惠及面，因此，财政不得不及时跟进“输血”，加大补贴力度。(3)从整体经济看，中国的生产要素流向正出现转折。根据《中国统计年鉴》数据，中国的劳动力在 2012 年前总体上是从第一产业向第二、三产业转移，而在 2012 年后则是从第一产业和第二产业向第三产业转移，第二产业固定资产投资占比在 2010 年后总体下降，而第三产业总体上升。换言之，中国的生产要素正在从生产率相对较高的部门转移到相对较低的部门，整体生产率增速也进入了下降通道，由此引发的经济增长“结构性减速”将与财政支出结构变化形成叠加效应，如同国际经验中显示的那样，把此前被经济增长“结构性加速”掩盖的财政风险不断地揭露出来。

世界人口和经济大国在城市化进程中付出的财政代价，如同镜子一般照亮了中国的现实。当然，如果深究下去，将发现中国未来在城市化进程中面临的财政风险比国际经验更严峻。其中特殊之处在于历史欠账较多。众所周知，在战略层面，“提高户籍人口城镇化率”的号角已经吹响，① 但在战术层面，城市化从“以城为本”向

① 需要说明的是，“城镇化”是一个颇具中国特色的概念，在中国官方颁布的有关正式文件中，采用“城镇化”的表述较多。由于本章主要考察的是国际经验，表述上统一使用“城市化”。

“以人为本”转型的短板着实不少。其中的要害是地方政府激励：城市化发生在地方，而不在中央（李扬，2014）。中国在改革开放以来的城市化水平突飞猛进，事半功倍地完成了从农业型社会向城市型社会的过渡。究其缘由，恰恰在于“事半”：城市化道路的“中国式”拆分，即通过“有形之手”将一个完整的城市化进程拆分为“物的城市化”和“人的城市化”两大阶段。在“物的城市化”阶段，职业转变（从农业生产领域转向非农生产领域）和地域转移（在农村分散居住的人口迁徙到城镇集中居住），地方政府收获了土地财政的“钱袋子”，而将与之相对应的成本转嫁和延后。在“人的城市化”阶段，地方政府不得不偿还历史欠账，完成身份转换（从农业户籍转为非农户籍）和角色转型（在社会和文化属性上成为市民），事倍功半地将城市化推进到底。在此过程中，城市发展对市政、卫生、环保等的需求持续增长，地方政府债务风险将加速集聚（国务院发展研究中心课题组，2014），反过来掣肘城市化的转型。由此可见，要将“人的城市化”战略落到实处，就必须直面其中的债务膨胀问题，做好财政的应对之策。

在新型城镇化综合试点过程中，一些中小城市虽然已经实现农民进城落户的“零门槛”，但农民进城落户积极性普遍不高。相当一部分农民尽管在城市购房、生活和工作，但依旧选择把户口留在农村。究其原因：首先，从前提上看，城市户籍含金量应覆盖农民进城落户的机会成本。一些地方虽然放开了户籍限制，但农民缺乏市民化的动力，原因恰恰在于这些地方城市户籍的含金量不高，对农民缺少吸引力。如果把农业户籍和非农户籍进行对比，非农户籍的优势主要表现在公租房、廉租房、低保补助标准等方面，而农村户籍的优势则表现在土地权益、退耕还林、粮食直补、农村五保、扶贫等方面，其中，以土地权益为最。实践证明，农民不把户口从农村迁出，是算了一笔利益账后的理性选择。简单地转变农民户籍，有时反而会降低他们的生活水平。其次，从动力上看，城市户籍含金量应超过农村户籍，满足“人往高处走”的需求。进城落户仅仅是市民化的开始，只完成了农民身份上的转换。要实现彻底的农民市民化，还须完成农民角色上的转型，让他们进入更高水平、更具现代文明的生活方式和生产方式中，在社会和文化属性上成为市民。第三，从长效机制上看，城市户籍含金量应与时俱进。随着城市人口规模的扩大，住房、交通、环境、文化和社会冲突等外部性问题不断凸显，政府必须提高公共服务的能级。总之，政府只有将城市户籍含金量“连升三级”，才能真正实现农民市民化。换言之，现有文献测算的成本不是夸大了，而是低估了。依据偏低的、静态的城市户籍含金量来推算农民市民化成本，有“刻舟求剑”之嫌。“十三五”时期，要提高户籍人口城镇化率，一方面须加快探索农民和土地“解绑”的实现路径，通过正规渠道将土地变成农民的财产性收入，降低农民放弃农业户籍的机会成本，另一方面须大幅提升非农户籍含金量，在隐藏于城市户籍背后的公共服务、福利和权益上做文章，吸引农民真正从土地中退出来，自愿地进城落户。这意味着，与先发国家比起来，中国在“人的城市化”阶段还须进一步加大财政投入，解决“物的城市化”阶段的遗留问题。

第五节 政策启示

本章研究发现，城市化通过影响财政支出结构，推动了政府债务的增长。具体而言，城市化倒逼政府将支出重心从高生产率项目（经济事务）转移到低生产率项目（非经济事务）上，公共部门生产率增速由此进入下降通道，从而自身收入汲取能力不断下降，但公共服务成本刚性增长，财政收支缺口开始显现。在城市空间形态变化过程中，人口从“聚集”向“扩散”的转型将诱发公共设施重复建设和低效率运营等问题，加快财政支出结构转变的节奏。值得注意的是，财政用于社会性项目的资金并非“撒胡椒面”，不同的社会性项目没有出现“齐步走”现象，那些被压缩下来的建设性项目资金通常被更多地使用于社会保障和福利支出以及卫生支出。国际经验显示，当城市化率超过55%后，城市化对政府债务的影响系数更大，统计显著性水平更高，无独有偶的是，当城市化率超过55%后，财政支出结构也出现了阶段性转换。据此可以推测，55%是城市化由加速向减速转变的S形曲线的一个节点，也是城市化的财政代价的一个分水岭。究其原因，在城市化的中前期，私人部门的结构性变化部分地掩盖了公共债务问题。在此期间，私人部门生产要素从低生产率部门（农业）转移到高生产率部门（制造业和服务业），故而私人部门生产率增速进入的是上升通道，这一流向与公共部门截然相反，部分地抵消了公共部门结构性变化对财政的不利影响。在城市化中后期，私人部门和公共部门的结构性变化趋同，将公共债务问题揭露出来。在此期间，私人部门的生产要素流向发生了变化，改为从高生产率部门（制造业）转移到相对较低的生产率部门（服务业），由此私人部门生产率增速也进入了下降通道，于是，经济增长的“结构性减速”与财政支出结构变化形成叠加效应，将公共债务充分地揭露出来。城市化的财政代价在城市化率达到55％后更大，原因还在于政府的推波助澜。即政府在应对私人部门结构性减速时，往往是用扩大公共需求的办法来弥补私人需求，用扩大政府投资的办法来弥补企业投资，然而这并未从根本上治愈经济症结，只不过是用公共债务置换了私人债务。

世界人口和经济大国在城市化进程中付出的财政代价，如同镜子一般照亮了中国的现实。当然，如果深究下去，将发现中国未来在城市化进程中面临的财政风险比国际经验更严峻。其中特殊之处在于历史欠账较多。在“物的城市化”阶段，城市化进展主要体现在职业转变和地域转移上。留给“人的城市化”阶段的任务是身份转换和角色转型。在新型城镇化综合试点过程中，一些中小城市虽然已经实现了农民进城落户的“零门槛”，但农民进城落户积极性普遍不高。这意味着，与先发国家比起来，中国在“人的城市化”阶段还须进一步加大财政投入，解决“物的城市化”阶段的遗留问题。

本章建议，要以提高财政资金使用效率为抓手，推动城市化从

“以城为本”向“以人为本”转型。无论是从国际经验还是从中国现实看，“人的城市化”必须解决“钱”从哪里来的问题。在“物的城市化”阶段，地方政府获得了大量的土地出让收入，这本该用于“城市新居民”公共服务上的资金却在那些缺乏产业基础的中小城市被错配到“楼堂馆所”上，其城市户籍含金量便可想而知，这也是中国出现大城市规模迅速膨胀、中小城市和小城镇相对萎缩的两极化倾向的重要原因。为此，可以考虑从如下三个方面为“人的城市化”融通资金：（1）破除财政挂钩制度。国际经验表明，在城市化的不同阶段，财政资金用于社会性项目的比重并非一成不变。反观中国，目前有多达七类的重点支出（教育、科技、农业、医疗卫生、社保、文化、计划生育）与财政收支或GDP挂钩，资金规模几乎占据全国财政预算支出的半壁江山，并且一些部门依然在攀比挂钩事项。由于财政挂钩机制的存在，公共服务和设施方面的形象工程屡见不鲜，闲置的财政资金大量存在。显然，这无法适应城市化战略转型的要求，必须予以破除。（2）盘活存量财政资金。一些地方、部门的财政拨款长年“趴”在账上，以年底“突击花钱”为主要表现形式的短期集中支付方式几乎成为常态，盘活存量财政资金也已成为当下的热门政经词汇。之所以中央三令五申地要求盘活存量财政资金，除了因为其重要，还因为其艰难。存量财政资金也折射了官员群体中出现的庸政、懒政和怠政苗头。为今之计，要在官员的发现和使用机制上做文章，把那些想作为、善作为的官员选拔到重要岗位上，充分调动官员的积极性，真正做到盘活存量财政资金。（3）找准转变财政支出结构的切入点。国际经验表明，随着城市化进程的深入，建设性项目和社会性项目在财政资金的分配上存在着此消彼长规律，种类繁多的社会性项目在财政资金的分配上也有着轻重缓急之分。应当注意到，财政支出结构的转变很难一蹴而就，其中必定存在利益纠结，而触动利益通常比触动灵魂还困难，这也正是全面深化改革的一个难点。在转变财政支出结构的过程中，从具体的操作层面看，关于未来新增的用于社会保障和福利等社会性项目的财政资金来源，不妨首先考虑那些短期内盘活不了的存量财政资金。

第四章　税收竞争与政府收入

中央经济工作会议明确指出，积极的财政政策要加力提效，实施更大规模的减税降费。大规模减税降费的意义十分重大，这不仅是中国经济发展提质增效的内在要求，也是中国参与国际税收竞争的必然选择。当前，世界各国税制改革连续不断。舆论场倾向于认为，世界将掀起新一轮减税潮，并且，减税将由于拉弗效应而增加税收。那么，情况果真如此吗？

第一节　全球税收发展基本趋势

"历史题材中有属于未来的东西"，要准确把握世界税收发展的未来趋势，就需拓宽研究视角的历史纵深，从过去看现在，用历史眼光看当下。回顾 20 世纪 80 年代以来世界税收发展的轨迹，可以清晰地发现其中的基本趋势：减税与增税并举，税负压力从直接税转移给了间接税。舆论场所提及的“减税潮”，主要表现在个人所得税和公司所得税等流动性税源上。关于这一点，可以从经合组织（OECD）及其“领头羊”——“工业七国”找寻到确凿的证据（图 4-1）。从整体看，经合组织成员国的个人所得税和公司所得税的税率均明显下降，其中个税最高边际税率均值已从 1980 年的 52.15％下降到了 2016 年的 35.79％，而公司税率均值则由 48.03％下降到了 24.18％。实际上，个人所得税减税与公司所

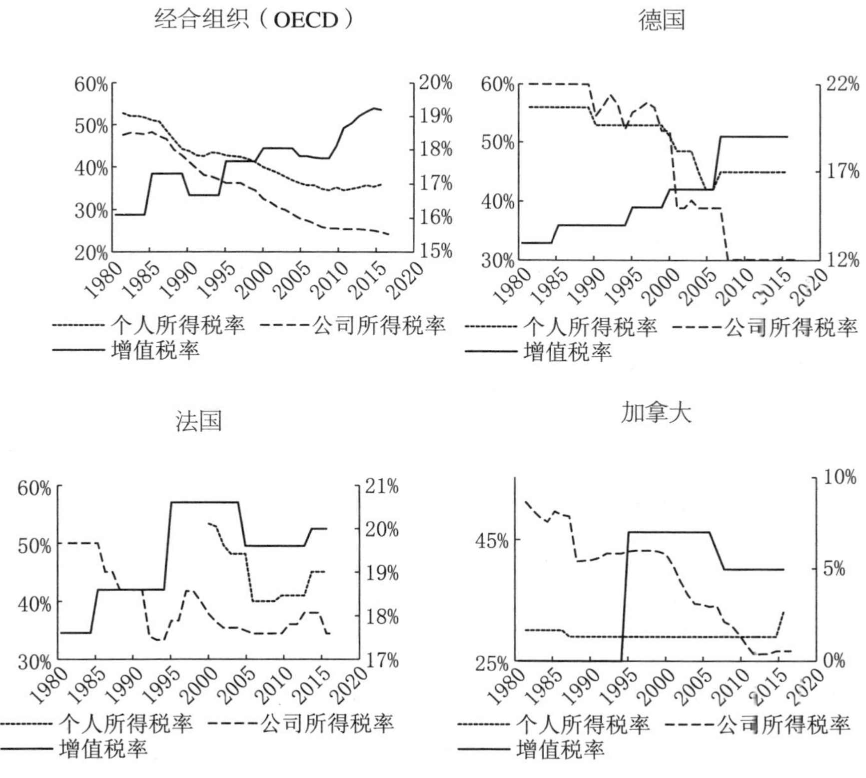

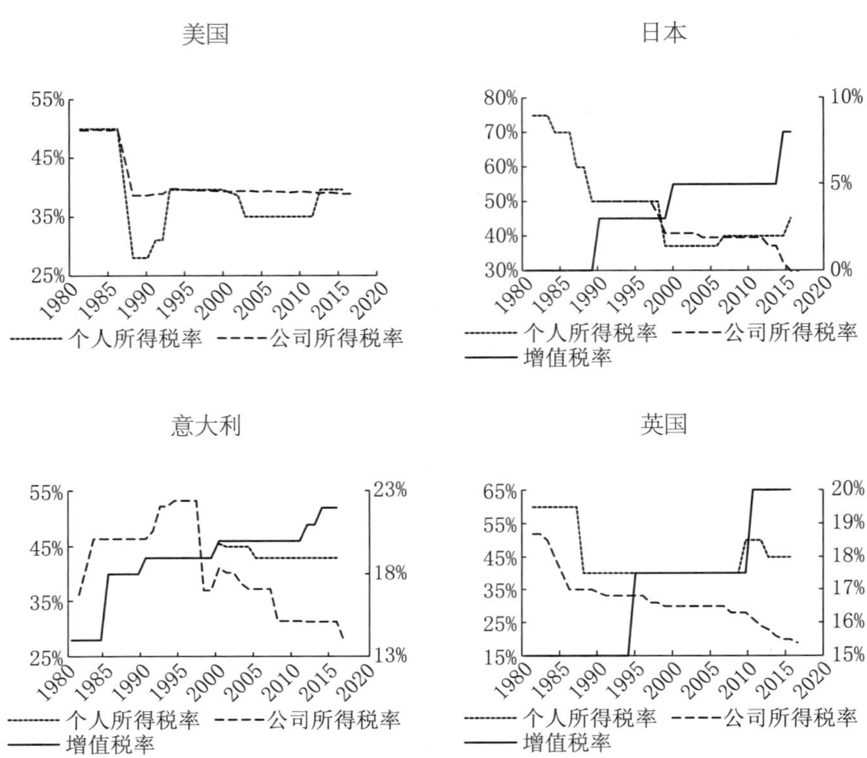

注：个人所得税最高边际税率和公司所得税税率对应的是主坐标轴，增值税率对应的是次坐标轴。

图 4-1　所得税税率与增值税税率的此消彼长

数据来源：OECD 数据库。

得税减税的效果并不一致：降低个人所得税的最高边际税率，提高个人所得税的标准扣除额，有利于吸引高技能的人才，缓解纳税人的“痛感”；降低公司所得税税率，有助于减轻纳税企业负担，增强纳税企业活力，吸引资本，增加投资。当然，所得税的减税趋势并非线性的，也曾出现过波折。国际金融危机后，面对财政困境和社会两极分化的压力，公司所得税税率的下降态势曾一度止步，而个人所得税最高边际税率甚至还出现了向上的反弹。近来，此前中断了的所得税减税进程又得以重启，国与国对流动性税源的争夺又重新开始。从个体看，各国均综合施策，减税与增税综合运用，税收政策相机抉择。一些国家在应对金融危机时一方面降低公司所得税税率，而另一方面提高了个人所得税最高边际税率。

然而，所得税税率的下降仅仅是世界税收发展趋势这枚“硬币”的一面。在“硬币”的另一面，增值税日益普及，且税率普遍上升。实际上，与所得税比较起来，增值税有着天然的优势：所得税的纳税义务人即为税负实际承担人，而增值税则不然，纳税义务人可以通过提高价格的方式将税收负担转嫁给最终消费者，因而其纳税时的“痛感”明显弱于所得税，并且，商品和服务一经售出，无论盈利与否或者盈利多少，相应的税金即可实现，便于政府的征收管理。有鉴于此，除了美国，迄今为止其他所有的经合组织成员国都陆陆续续开征了增值税（见表4-1）。不仅如此，各国增值税的税率还进入了节节攀升的大通道。其中，经合组织成员国增值税平均税率已由1980年的16.08%上升到2016年的19.21%。如果把所得税层面的减税与增值税层面的增税结合起来，将会发现两者的节奏较为吻合。以日本为例，个人所得税最高边际税率在1989年由60%下降到50%，同年，日本政府开征增值税，并将税率设定为3%；1999年，日本政府将个人所得税最高边际税率由50%进一步下调到

37%，并将公司所得税税率由46.4%下调到40.9%，而在次年，其增值税税率便由3%上调到5%；2015年，日本政府将公司所得税税率由37%下调到32%，而将增值税税率由5%提升至8%。不难发现，所得税税率与增值税税率之间呈现出清晰的此消彼长态势。

表4-1 OECD成员国增值税开征时间

国别	年份	国别	年份	国别	年份	国别	年份	国别	年份
法国	1954	比利时	1971	韩国	1977	匈牙利	1988	斯洛伐克	1993
丹麦	1967	爱尔兰	1972	墨西哥	1980	日本	1989	芬兰	1994
德国	1968	奥地利	1973	土耳其	1985	冰岛	1990	拉脱维亚	1995
荷兰	1969	意大利	1973	葡萄牙	1986	爱沙尼亚	1991	瑞士	1995
瑞典	1969	英国	1973	西班牙	1986	加拿大	1991	斯洛文尼亚	1999
卢森堡	1970	智利	1975	新西兰	1986	波兰	1993	澳大利亚	2000
挪威	1970	以色列	1976	希腊	1987	捷克	1993	美国	—

数据来源：OECD数据库。

第二节 对拉弗效应的再认识

减税之举往往能够引来一片赞扬，一个重要的依据便在于拉弗曲线：当税率在一个所谓的“最佳税率”以下，提高税率能增加政府税收收入，但当税率超过这一“最佳税率”后，再提高税率反而导致政府税收收入减少。如果现行税率高于“最佳税率”，减税之举便如同放水养鱼，将取得政府税基扩大和财政可持续性增长之功效。

那么，拉弗效应能够经得起实践检验吗？图 4-2 报告了经合组织国家个人所得税规模和公司所得税规模的走势，其中，个人所得税和公司所得税均折算成以 2010 年为基期的价格水平。从总体上看，随着个人所得税最高边际税率和公司所得税税率的下降，经合组织成员国个人所得税总体规模和公司所得税总体规模都出现了不同程度的上升，减税增收的效果较为直观。如果进一步地对比一下个人所得税和公司所得税的减税效果，将发现减税增收效果在前者上表现得更加直观，个人所得税收入随着最高边际税率的下降出现了更为明显的跃升。

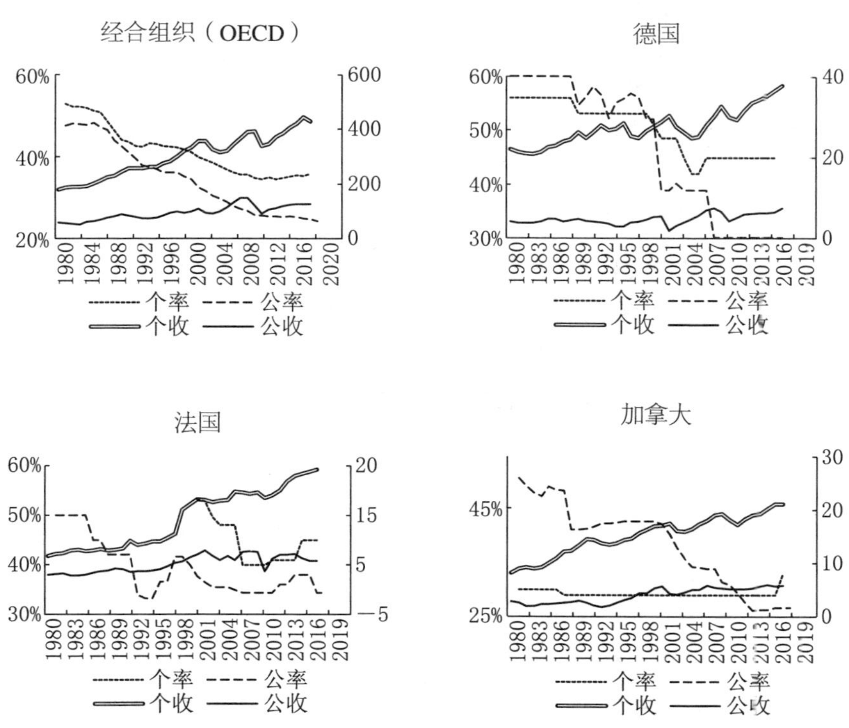

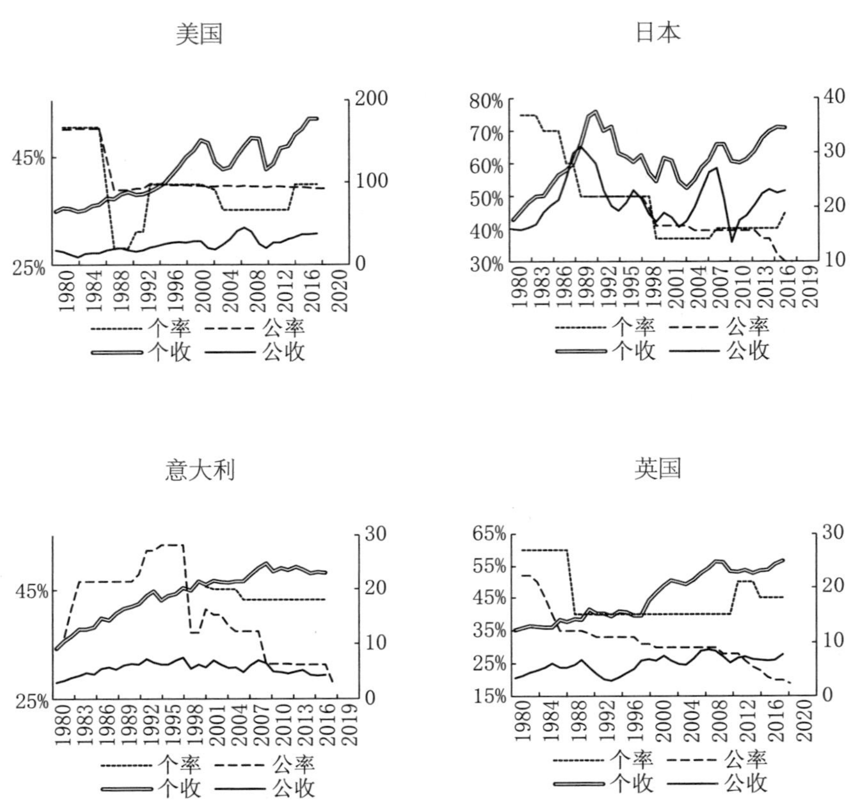

注：个率和公率分别为个人所得税最高边际税率和公司所得税税率，对应的是主坐标轴；个收和公收分别为以 2010 年不变价计算的个人所得税和公司所得税规模，对应的是次坐标轴，单位为万亿美元。

图 4-2　所得税税率与所得税收入的协同性

数据来源：OECD 数据库、世界银行数据库。

如果研究分析到此为止，就容易对拉弗效应深信不疑。然而，倘若把目光从若干个国家的总体层面移到单一国家的个体层面，将发现另一番景象。从个体上看，在所得税税率不变的情况下，一些国家的个人所得税规模和公司所得税规模也会增加或者减少，即所得税税收规模的变化并不一定取决于税率的变化；在所得税税率降低的情况下，一些国家原本快速增长的所得税规模反而可能放慢了增长的速度，甚至还可能出现税收规模缩水的情形，即减税不必然增收；在所得税税率增加的情况下，一些国家的所得税规模不但没有减少，反而增加了，即增税也许能够增收。简言之，拉弗效应并非体现在单一国家的个体层面，而更多地体现在若干个国家的总体层面。对于某一个特定国家来说，即便降低税率，也未必能够实现政府增收的愿望。

为什么一些国家减税之举未能实现增收之效？为什么拉弗效应在个人所得税层面的效果比在公司所得税层面更为明显？其中关键，就在于要素的流动性：在封闭经济条件下，企业的决策行为在很大程度上取决于本国的经济政策，而在开放经济条件下，影响企业决策行为的不仅是本国政策，还有别国政策。在从封闭经济转向开放经济的过程中，要素随着跨国公司在国家间流动了，企业的跨国避税行为便出现了，并成为广泛的存在。这其中，苹果公司的避税模式堪称经典，其避税路径可概括如下：苹果公司在爱尔兰设立两家子公司A和B，在英属维尔京群岛设立一家壳公司C，并且，C公司控股A公司和B公司，同时，在荷兰设立另一家壳公司D。苹果公司加州总部与A公司签订成本分担协议，共同研发并共同拥有无形资产，以此将无形资产转移到A公司名下，而加州总部只需就A公司的“加入支付”款项缴纳少量税收。而后，A公司将无形资产授权给C公司，并收取C公司的特许权使用费，接着，C公司再将无形资产授权给B公司，转而收取B公司的特许权使用费。当美国以外的用户购买苹果公司的产品时，B公司便实现了相应的销售收入，在向C公司支付巨额的特许权使用费后，只能保留极其微薄的利润，并按照12.5%的税率向爱尔兰缴纳公司所得税。同理，C公司在向A公司支付巨额的特许权使用费后，利润也非常少，并按照25%的税率向荷兰缴纳公司所得税。根据爱尔兰税法，非居民企业，无需缴纳企业所得税，也就是说，尽管A公司注册于爱尔兰，但其控股公司C不在爱尔兰，所以A公司的巨额特许权使用费收入在爱尔兰是零税率的。根据英属维尔京群岛法律，岛内注册的公司业务收入和盈余皆免征各项税款，亦即，A公司的巨额特许权使用费收入在英属维尔京群岛也实现了零税率。根据美国税法，如果企业海外利润不汇回美国，就无需向美国缴纳企业所得税。可想而知，当一个企业通过复杂的组织结构成功避税后，其他的企业也会纷纷效仿。时至今日，跨国公司的避税手段越来越多样，方法也越来越扑朔迷离，避税数额不计其数。实际上，只要一项产品的全部活动并非在一个国家独立完成，并且要素能够跨境流动，而国与国之间的税收制度又存在差异，跨国公司便可以寻找到其中的漏洞，通过一纸法律文书的签署就可以将利润从高税国搬到“避税天堂”，影响国与国之间利润分配格局（李本贵，2016）。当然，企业避税行为的广泛存在，不仅反映了世界治理体系尤其是国与国之间政府合作的缺失，也反映了国家内部的政府体制和政府间合作的滞后：大量企业在现行的税收属地征管体制下，尤其是基层税务机关负责处理具体涉税事项的背景下，想方设法去钻企业总部税务主管机关与分支机构税务主管机关之间的“管得着的看不见、看得见的管不着”（刘磊、钟山，2015）的空子，通过设置复杂的股权结构，采取总部决策、集中核算和跨区运营，规避了大量的税收，逃避了相应的社会责任。由此可见，一国的减税举措尤其是高税国的减税举措是很难形成拉弗效应的，其减税努力早已被本国公司和本国居民的避税行为所对冲。可以想象，拉弗效应在个人所得税层面的效果之所以比在公司所得税层面更为明显，关键在于劳动力的流动性低于资本的流动性，劳动力避税的难度是高于资本的。

进一步地看，拉弗效应必然不是与时俱进，而是“与时俱退”。这是因为，产业结构在发生深刻的变化。毫无疑问，与名义所得税率比起来，实际所得税率更能影响企业的投资行为。那么，企业的实际所得税率又取决于什么？现有文献研究从企业规模（Zimmerman，1983；Porcano，1986）、财务杠杆（Stickney and McGee，1982）、盈利能力（Spooner，1986）、固定资产折旧（Gupta and Newberry，1997）、企业成长性（Kim and Limpaphayom，1998）等角度给出不尽相同的解释。然而在这些研究中，行业特征往往被看成一个控制变量，而非解释变量。行业特征恰恰是影响企业实际所得税率的一个关键因素。为了说明这一点，下面借鉴现有文献中惯常使用的指标“所得税费用与税前利润的比值”来呈现规模相近的企业的实际所得税率行业特征。图 4-3 展示了世界 500 强企业近十年（2007—2016）的行业平均实际所得税率。其中，企业所得税率数据由我根据各企业年报计算得出。在计算过程中，本章剔除了价格因素。结果显示，在各行业中，狭义口径的互联网行业（含搜索引擎、综合门户、即时通信、电子商务）在十年间的平均企业所得税率仅为20.7%。即便将计算机软件、计算机硬件、网络通信设备也涵盖进来，统计广义口径的互联网行业，其所得税率的领先优势依然十分明显。计算结果还显示，平均所得税率较高的行业无一例外地都属于传统行业，如商业零售、邮政快递、娱乐、建筑房地产、钢铁等。其中商业零售行业在十年间的平均所得税率高达33.4%。深究下去，税收负担在不同行业间出现的差异，折射出现行税收制度和税收征管模式尚未适应新时期企业生产经营特征的变化。实际上，高科技公司主要收入已非实体产品销售，而越来越多的是无形资产销售。高科技公司在将利润转移到低税国或低税地区时，比传统企业更为便捷。由是观之，数字经济时代的拉弗效应，将远逊色于工业经济时代。

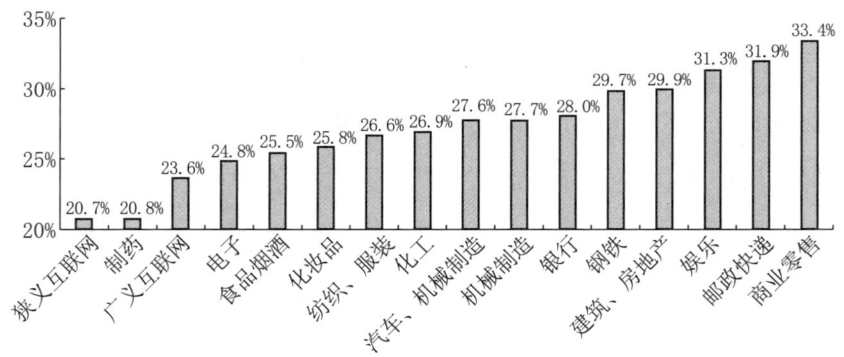

注：企业所得税率数据由作者根据公司年报计算得出。需要说明的是，在计算过程中，企业所得税率小于0的观测值作为异常样本被剔除了。

图4-3　世界500强企业的行业平均实际所得税率

表 4-2　OECD 成员国税收规模占 GDP 的比重

年份	总税收	个人所得税	公司所得税	雇员社会保险税	雇主社会保险税	财产税	增值税	消费税	其他税
1980	30.05%	9.83%	2.28%	2.17%	4.46%	1.54%	3.67%	2.87%	3.23%
1985	31.51%	9.81%	2.51%	2.44%	4.52%	1.61%	3.84%	2.99%	3.79%
1990	31.93%	9.70%	2.48%	2.53%	4.43%	1.77%	5.21%	2.56%	3.24%
1995	33.26%	8.68%	2.64%	2.85%	5.36%	1.63%	5.81%	2.76%	3.51%
2000	33.91%	8.73%	3.25%	2.96%	5.19%	1.78%	6.41%	2.86%	2.73%
2005	33.49%	8.04%	3.34%	2.94%	5.06%	1.81%	6.56%	2.83%	2.91%
2010	32.45%	7.72%	2.72%	3.14%	5.18%	1.73%	6.44%	2.68%	2.85%
2016	34.53%	8.43%	2.88%	3.31%	5.45%	1.92%	6.82%	2.58%	3.15%

数据来源：OECD 数据库。

从结果上看，政府税收规模及其占 GDP 比重普遍性地增加了。当然，这仰仗的并非“减税”，而是增税，即开征新的税种，或提高某些税种尤其是增值税的税率。同样根据经合组织的数据，经合组织成员国税收总收入占 GDP 比重的均值在 1980 年为 30.05%，而到了 2016 年则提升至 34.53%（见表 4-2）。其中的奥秘，便在于增值税的增税：经合组织成员国增值税占 GDP 比重由 1980 年的 3.67% 增长到 2016 年的 6.82%。不仅如此，社会保险税也帮助政府实现了增收：雇员缴纳的社会保险税占 GDP 比重由 1980 年的 2.17% 增长到 2016 年的 3.31%，雇主缴纳的社会保险税占 GDP 比重由 4.46% 增长到 5.45%。由此亦可看出，“转嫁性减税”不仅体现在不同税种税率的消长上，也体现在不同税种税收规模的变化上。

第三节　对现有税收理论的反思

对于世界税收发展趋势的驱动因素，大量文献展开了研究。安体富（2002）将其总结为三个方面：一是为应对经济全球化，国家间竞争加剧了，通过减税可以提高本国企业国际竞争力；二是为应对经济减速和经济滑坡，减税被当作刺激需求和扩大投资的重要手段；三是税收理论在发展，尤其是在经济全球化加速发展的背景下，主张减少税收对经济的干预、实行税收中性原则的声音在增强。当然，国际金融危机后，一些国家的个人所得税最高边际税率曾出现过向上的反弹（见图 4-1），这表明在应对危机的过程中，减税可能并非始终作为各个国家普遍使用的刺激手段，甚至相反，一些国家还会对所得税进行适当地增税，提高最高边际税率。相比之下，国家间税收竞争则是世界减税趋势若干成因中的关键所在。促使各个国家降低所得税税率的一个重要原因，是为了使本国对物质资本和人力资本所得课税税率低于邻近国家，以便留住本国资本，吸引别国资本，从而在国际竞争中占据相对有利的地位，这也导致各国所得税税率一定程度地趋同了（张文春，2015）。尽管税制改革有多种原因，但是在经济全球化背景下，国际税收竞争已日益成为税制改革的推动因素，提高竞争力已经成为大多数国家税制改革的重要目标甚至是首要目标（龚辉文，2017）。

应当注意到，竞相减税的做法在一些地域相邻、体制相近的国家间表现得尤为明显。比如，爱尔兰的低税率使周边国家不断降低税率。2003年，爱尔兰在将公司所得税税率从16%降至12.5%，此举也使其成为全球公司所得税税率最低的国家之一。作为近邻，英国、德国和荷兰等饱受压力，多年来一直试图降低公司所得税税率。其中，英国在2008年将公司所得税率从30%降至28%，在2011年降至26%，在2012年降至24%，在2013年降至23%，在2014年降至21%，在2015年降至20%，在2017年降至19%。德国在2004年将其公司所得税税率由40.22%下调至38.9%，在2008年下调至30.18%。荷兰在2005年将其公司所得税税率由34.5%改为31.5%，在2006年改为29.6%，在2007年改为25.5%，在2011年改为25%。再如，澳大利亚针对新西兰出台的减税举措颇具策略性。澳大利亚现行公司所得税税率为30%，而新西兰的税率为28%。为了提高税收的竞争力，澳大利亚展开了一项有针对性的减税行动。2017年3月31日，澳大利亚参议院通过立法，将“中小”公司所得税税率由此前的28.5%下调至27.5%，比新西兰公司所得税税率低0.5%，并将中小公司的年营业额门槛由200万澳元提高至1000万澳元。此次立法还规定，中小公司的年营业额门槛从2017年7月1日起提高至2500万澳元，从2018年7月1日起进一步提高到5000万澳元。国家间的税收竞争，从中可见一斑。无疑，新西兰对澳大利亚的减税之举不会无动于衷，必定会采取相应措施来应对。

既然国际税收竞争导致各国所得税竞相减税，那么，国际税收竞争的根源又是什么？现有文献通常将答案指向了经济全球化，其逻辑可以描述如下：经济全球化不仅意味着国家与国家之间的合作机会增加，还意味着各国相互之间的竞争也加剧。国与国之间的竞争既表现在企业层面，还表现在政府层面。对于跨国投资而言，影响其投资目的地因素很多，而东道国税率设定的高低、税收优惠的多寡也必然是一个重要的考量依据。在吸引流动性生产要素过程中，各国税收政策的策略性行为便出现了。当一国试图通过降低税率或者提供各式各样的税收优惠来吸引别国流动性要素时，也必然侵蚀别国税基，而当别国也采取类似的举动反击时，国与国之间的税收竞争就变得不可避免（邓力平，2003）。一些研究认为，国际税收竞争是经济全球化的产物和历史必然（靳东升，2003；刘汉屏、吴江，2003）。随着参与主体的增多，国家间税收竞争还将不断强化，世界整体的所得税税率将“向底线赛跑”。当然，经济全球化引致的国际税收竞争问题绝非仅限于国内讨论，国外相关研究起步更早。实际上，国际税收竞争之所以产生，一个重要前提是要素的跨国流动，各国为了吸引要素的流入而展开的竞争日趋激烈。在此情形下，学术界便开始将此前所研究的封闭经济条件下地方政府间的税收竞争问题，拓展为开放经济条件下国家间的税收竞争问题，形成一套经典的国际税收竞争理论。这其中，佐德罗和米兹科维斯基（Zodraw and Mieszkowski，1986）构建了一个开创性的税收竞争模型，其基本假设包括：资本可以自由流动，劳动力无法自由流动，从源征税是唯一的资本课税形式，市场是完全竞争的，等等。在此时期，其他学者如威尔逊（Wilson，1986）、怀尔达森（Wildason，1989）等也陆续提出了类似的理论模型或分析框架。这些早期研究得出的结论较为接近：一个轻微的税率变化也会导致资本在国家之间流动，为了吸引国际资本，国际税收竞争将使各国实际课征的资本税率低于最优资本税率，进而维持较低水平的公共品供给，需要国际税收协调加以干预；税收负担将部分地从高流动性生产要素转移到流动性生产要素上，从而引起要素税负分布在资本与劳动之间的转变。拉津和萨德卡（Razin and Sadka，1991）、布吕克纳（Brueckner，2000）分别拓展了基准的税收竞争模型，其中前者假定劳动供给也具备一个小于资本供给的弹性，而后者则干脆假定劳动供给具有无限弹性，并有一定流动性，他们的研究结果也支持税收负担会从资本转移到劳动力上的结论。

归纳起来，现有的税收理论关于世界税收发展趋势的形成逻辑可概括如下：经济全球化加剧了国际税收竞争，进而诱发了各国竞相减税。然而问题在于，在"逆全球化"强势抬头的今天，为何国家间税收竞争非但没有缓和，反而风云再起？应当注意到，"逆全球化"正在世界范围强势抬头，这也是现有税收理论的解释力面临挑战的一个事实基础。实际上，"逆全球化"现象既出现在诸多发达国家，也出现在一些发展中国家。从发达国家看，英国通过公投"脱欧"，让欧洲联盟这一曾经使人充满憧憬的巨型国家的前景堪忧（任剑涛，2017）；特朗普在大选中以"有言在先"的方式，打着"美国第一”、“美国优先”、退出自由贸易协定的旗号如愿登上美国总统“宝座”；欧洲极右翼势力的表现引人瞩目，试图向欧洲之外的世界关上大门，给法国、德国、意大利等国家政治生态带来巨大冲击（徐坚，2017）。从发展中国家看，极端恐怖组织在一些国家兴起，中东和南美那些历来反对全球化的国家成了当下清算全球化的急先锋，印度等发展中国家日益成为世界贸易组织中活跃的反倾销调查的发起者。当前，一些国家正在推出“以邻为壑”的贸易保护措施，如贸易救济、政府补贴、增加进口关税、政府采购本土化、投资保护等，以至于世界贸易增长速度大幅下滑。图 4-4 显示，在 20 世纪 80 年代以来的“顺全球化”时期，世界进出口贸易增长率围绕着世界经济增长率波动，两者增速总体持平。但近几年来，世界的进出口贸易增长率已经明显地背离了经济增长率。如此罕见的现象，在某种程度上也映衬了世界贸易保护主义的加重以及经济全球化趋势的逆转。深究下去，“逆全球化”极大地挑战了前述文献的解释力：既然经济全球化是“皮”，而竞相减税是“毛”，那么在“逆全球化”强势抬头的今天，皮之不存，毛将焉附？在现实中，持有贸易保护主义态度的大国，竟然在“逆全球化”时期也扛起了“顺全球化”时期惯常使用的减税大旗。很显然，对世界税收发展趋势以及其中“转嫁性减税”的认识，不能仅仅停留在“顺全球化”或“逆全球化”的层面。在“顺全球化”或“逆全球化”的背后，必定还有着更深层次的驱动力量。这一驱动力量，导致“顺全球化”或“逆全球化”的交替发生，并推动形成世界税收制度变革。

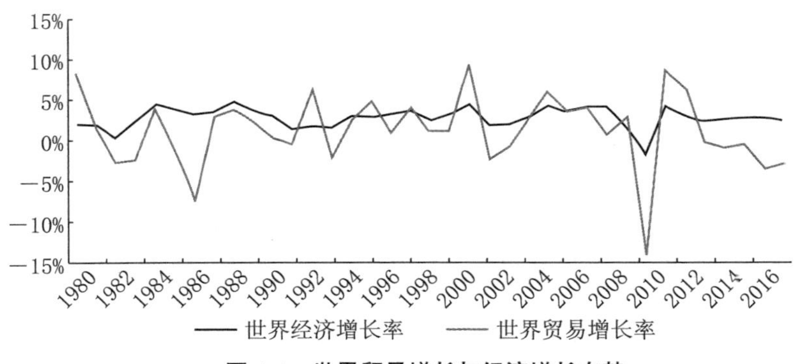

图 4-4　世界贸易增长与经济增长态势

数据来源：世界银行数据库。

第四节　对转嫁性减税的解释

厘清“顺全球化”和“逆全球化”的原因，将有助于寻找到隐藏在世界“转嫁性减税”后面的根源。对于为什么经济全球化出现逆转，一些文章习惯性地将其归结为“民智未开”的使然、归结为“民粹主义”的横行，归结为政客的兴风作浪，等等。然而这些文章似乎忽略了一个重要事实：在大选中给具有“逆全球化”倾向的政治候选人投票的选民，通常将自己视为经济全球化的“受害者”，他们首先所要反对的是别国的工薪阶层，尤其是工资水平更低的发展中国家的工薪阶层。因此，要找到经济全球化逆转的原因，就需要解释清楚国与国之间的工薪阶层为何出现了彼此的对立。为此，就需要借助于两个逻辑——资本逻辑和民族逻辑，其中前者要求要素的流动应符合资本最大化之原则，而后者要求要素的流动应满足民族共同体的内部需要。(1)资本逻辑撬动世界的生产和贸易体系，推动形成“顺全球化”。为追求利润的最大化，资本在与本国劳动的对抗过程中，走向了世界。得益于思想层面的新自由主义，理论层面的价值链理论，以及技术层面的信息革命等因素，世界范围的生产和外包体系逐渐兴起并蓬勃发展，外国直接投资迅速增长，跨国公司的经营理念、研发体系、生产体系、营销体系日趋全球化、网络化，要素随着跨国公司这一主要载体在国家间的流动日益频繁，跨国公司越来越多地将生产基地从发达国家搬到发展中国家，以摄取那里的廉价劳动力和自然资源等生产要素，从而降低生产成本，提高企业竞争力。世界生产和外包体系的迅速发展，又深刻地推动世界贸易体系的发展，跨国公司的子公司与母公司之间的贸易，以及分布于不同国家的子公司之间的贸易额快速膨胀，其在世界贸易总额中占据的地位越发举足轻重。(2)民族逻辑与资本逻辑的对抗催生“逆全球化”。可以想象，“顺全球化”对不同群体有着不同的影响：与能够参与到世界生产和贸易体系中的劳动力比起来，那些无法直接参与世界生产和贸易体系的尤其是容易被别国廉价劳动力所替代的群体在“顺全球化”中受到的冲击更大。不仅如此，即便是工薪阶层中的富有者，只要其持有的股票还无法左右公司的决策，其积累的财富还无法成为纯粹的食利阶层，那么，他们还是无法摆脱全球化生产体系中的被支配地位，还可能沦为全球化的“受害者”。当这些“受害者”或潜在“受害者”在面临全球化的挑战时，民族、文化等地域性因素的意识迅速浮现（徐英瑾，2017），民族逻辑不断强化。民族国家的工薪阶层被分散到相互分割的政治地理空间之中，不但民族国家之间的贫富差距会加深工薪阶层的国别差异，并且民族国家的统治策略也会诱使工薪阶层积极地向其靠拢，进而工薪阶层与民族国家捆绑在了一起（汪仕凯，2017）。（3）资本逻辑与民族逻辑是“顺全球化”和“逆全球化”的驱动因素。资本逻辑与民族逻辑如同一枚硬币的正反面，并行不悖，其优势地位也将不断轮回：当资本逻辑在“顺全球化”中积累的贫富差距等问题达到一定程度后，迎合全球化的“受害者”或潜在“受害者”的民族逻辑便占据上风，贸易保护主义便发展起来，“逆全球化”粉墨登场；当民族逻辑在“逆全球化”中积累的低效率等问题达到一定程度后，倡导全球化的资本逻辑将占据上风，自由贸易将成为主流看法，“顺全球化”重新启程。

如前所述，国与国之间的政策竞争，本质上是资本逻辑与民族逻辑对抗引发的对流动性要素的争夺的必然。而作为国家政策工具之一的税收政策，也必然体现出资本与民族这两种逻辑的对抗：在资本逻辑占上风的“顺全球化”时期，通过国际税收竞争吸引要素流入或留在本国，使本国的资本所有者以及能参与到世界生产和贸易体系中的工人等群体多获益；在民族逻辑占上风的“逆全球化”时期，通过国际税收竞争吸引要素流入或留在本国，使本国的工薪阶层等群体少受损。具体而言，20世纪80年代，面对长期的经济低效率问题，资本的力量逐渐地在全世界被释放了出来，为配合世界生产和贸易体系的构建，出台大规模的税收改革法，并带动各国金融的扩张与杠杆的膨胀，经济全球化风起云涌。国际金融危机爆发后，资本逻辑本应让位于民族逻辑，“释放市场的力量”本应让位于“保护社会”（波兰尼，2013），基本国策应以增强民众安全感为中心。但令人遗憾的是，上层建筑和经济基础出现了一定程度的脱节，政策层面表现出严重的时滞，未能及时调整：当公众普遍期待政府提供更多的保护时，政府却反其道而行之，以更大的力度开放本国的市场和国境，促进资本和商品的自由流动，吸引外国移民。比如，奥巴马所力推的跨太平洋伙伴关系协定（TPP）将使美国重蹈与墨西哥等低工资国家签订的那些失败的贸易协定的覆辙，将美国的工作机会拱手让给与美国保持贸易伙伴关系的低工资国家，加速美国工薪阶层的相对衰落（高柏，2016）。这引起公众的恐惧，并激起强烈的政治反弹，结果给反全球化和反自由贸易的运动提供了最好的炮弹。在此情形下，大选给其民族逻辑一个报复性反弹的机会。具体到税收政策上，号称“20 世纪 80 年代以来美国最大规模的税收改革法案”便经特朗普之手“横空出世”了。当然，里根税改方案与特朗普税改方案的重要区别在于，前者处于“顺全球化”时期，是资本逻辑在对抗中处于相对优势地位的产物，而后者处于“逆全球化”时期，是民族逻辑在对抗中处于相对优势地位的结果。当然，在资本逻辑与民族逻辑对抗的过程中，一方并不会彻底消灭另一方，即便是在民族逻辑占据上风的今天，资本逻辑并未消亡。关于这一点，在世界“转嫁性减税”中的表现十分明显。深究下去，世界税收发展趋势，依然深深地烙上了资本逻辑与民族逻辑的印记：一方面，税收负担从直接税转向间接税，由于间接税税金能够转嫁，普通百姓在购买商品和服务时承担了更多的税收负担，并且，穷人和富人购买同一件商品或服务时，他们承担了同样的税负，违反了“纳税能力原则”（即应根据一个人的承受能力来征税），体现了资本的逻辑；另一方面，个人所得税的降低减轻了公众纳税时的“痛感”，而公司所得税税率的降低导致了就业机会的增加，体现了民族的逻辑。

第五节　政策启示

世界税收发展趋势呈现相互关联的两大特征：一是减税与增税并举，税负压力从直接税转移向了间接税。这一特征极大地挑战了现有理论的解释力：现有理论文献认为，经济全球化是各国减税的根本原因，然而，在“逆全球化”强势抬头的今天，持贸易保护主义的大国依然选择“顺全球化”时期惯常使用的减税策略，足以说明“顺全球化”抑或“逆全球化”并非减税浪潮的根源。世界“转嫁性减税”的根源，在于资本逻辑与民族逻辑的对抗所引发的对流动性要素的争夺：资本的逻辑要求要素的流动应符合资本最大化之原则，在与本国劳动对抗的中走向了世界，并推动了经济全球化，同时，也令本国工薪阶层失去了一些就业机会，沦为全球化的“受害者”，于是造成国与国之间工薪阶层的彼此对立，而民族逻辑则要求要素的流动应满足民族共同体的内部需要，由此，国与国之间争夺要素的政策竞争便出现了。世界的“转嫁性减税”折射出了资本逻辑和民族逻辑：税负压力从直接税转移向了间接税，意味着普通百姓在购买商品时承担了更多的税负，并且，纳税能力有着天壤之别的穷人和富人在购买同一件商品或服务时承担了同样税负，体现了资本的逻辑；个人所得税降低减轻了公众纳税时的“痛感”，公司所得税税率的降低导致就业机会增加，体现了民族的逻辑。

二是总体与个体迥异，拉弗效应并非放之四海而皆准。从若干个国家的总体层面看，降低所得税的税率，确实能够增加政府的税收规模，并且，减税增收的效果在个人所得税层面显著地优于公司所得税层面。但从单一国家的个体层面看，减税不必然增收，而政府增收主要是靠开征新税和提高间接税税率。究其原因，在封闭经济条件下，企业的决策行为在很大程度上受本国政策影响，而在开放经济条件下，能够左右企业决策行为的因素还包括别国的经济政策。拉弗效应之所以在总体与个体之间出现了差异，关键在于国与国之间的税收制度存在区别，且要素能够跨国流动，跨国公司便可利用国家间税收制度的差异采取多种多样的避税行为，通过一纸法律文书的签署轻松地将利润从高税国搬到“避税天堂”，势必对冲母国税收政策的效果。拉弗效应之所以在个人所得税与公司所得税之间存在差异，奥秘也在于要素的流动性程度不同。相比之下，资本的流动性极高，而劳动力的流动性较低，其在避税时面临更多的挑战。毫无疑问，在从工业经济时代向数字经济时代转换的过程中，即便体现在若干个国家总体层面的拉弗效应也将大大褪色，这是因为，高科技公司的主要销售已非有形产品，而是无形产品，其在利润转移上比传统企业更为便利。

基于上述研究结论，本章有三点建议：一是通过强化中国制造的中国元素，来引领经济全球化再次起航。工薪阶层在国与国之间出现的彼此对立问题，并非无解。倘若各国都能基于本民族的特征，深耕自己的文化，制造出既有本民族、文化等地域性内涵，又对别国居民有强烈吸引力的产品，并进行有效的知识产权保护，便能增加本国制造被别国复制或替代的难度，从而最大限度保障本国工薪阶层的就业机会等切身利益。实际上，中国制造当前面临的突出挑战，恰恰是源于其中的中国元素不足。产品在引入中国后，企业通常未能在有效消化、吸收的基础上淡化别国元素，增强中国元素，而仅仅简单地拷贝。比如，在当前看似快速发展的中国人工智能行业，产品的界面、内容所体现的还主要是以英语为母语的用户的思维方式，未必适应汉语民族的心理特征，未能将其中的别国元素转换为中国元素。当一些宏观经济条件变化时，这些行业以及相关中国企业便容易遭受冲击，为别国所代替。

二是通过自由贸易港等载体的建设，吸引注册型经济回流中国。当前，进一步降低税率，其现实意义并非仅仅为了追求政府的增收，而是防止政府的减收，即由于别国的策略性减税导致资本外流所引起的减收。毋庸置疑，中国的微观主体对所得税税率是敏感的，霍尔果斯现象便是一个典型。在霍尔果斯，特殊的税收政策吸引了大量的传媒企业汇聚于此。放眼海外，在开曼群岛、百慕大、英属维尔京群岛等“避税天堂”，也不乏中资企业的身影。在中国特色社会主义新时代，中华民族迎来了从站起来、富起来到强起来的伟大飞跃，就需要强有力的政府，而要建设强有力的政府，就需要审慎看待大面积、大幅度的减税方案。在此情形下，一方面要加大对演艺明星等群体非法偷税行为的打击力度，维护宪法和税法权威，另一方面也要积极应对合法避税行为，可以考虑在“一带一路”沿线的重要节点城市，建设自由贸易港等载体，在那里实行相对特殊的税收政策，吸引注册型中资企业回流。

三是通过进一步推进政府机构改革，切实降低实体经济成本。税收政策是影响企业投资行为的一个因素，而非全部。在世界主要经济体中，中国狭义宏观税负即“正税”并不高，但包含“正税”和“税外负担”的广义宏观税负则十分突出。在以间接税为主的体制下，尽管增值税、消费税的最终承担者并非企业，但企业是税金的纳税义务人，因而在缴纳税费时“痛感”强烈。下一步，坚决清理“税外负担”问题，尤其是涉企的政府行政性收费。为此，需要大力推进政府机构改革，对职能相近的党政机关探索合并设立或合署办公，并重新考虑一些垂直管理政府机构的布局问题，毕竟，工业经济时代的布局已经难以满足数字经济时代的需要，机构网点存在着较大的整合和调整空间。不仅如此，还要推动政府监管方式从“劳动密集型”全面转向“科技密集型”，大幅缩短必要的审批流程，节约时间成本、隐性成本和综合成本等，将降低实体经济成本的战略进一步落到实处。

第五章　金融分权与地方举债

第一节　理性看待主权信用评级

国际信用评级机构下调了对中国的主权信用评级。那么，市场究竟发生了何种变化，我们应当如何积极应对？

在全球信用评级市场中，穆迪、标准普尔和惠誉三家处于垄断地位。当然，它们的评级标准和结果并不一致。其中，穆迪的信用等级共分九档二十一级：第一档Aaa为“优等”，第二档Aa（含Aa1、Aa2、Aa3）为“高级”，第三档A（含A1、A2、A3）为“中上级”，第四档Baa（含Baa1、Baa2、Baa3）为“中级”，第五档Ba（含Ba1、Ba2、Ba2）为“具有投机性质的因素”，第六档B（含B1、B2、B3）为“缺少理想投资的品质”，第七档Caa（含Caa1、Caa2、Caa3）为“劣质债券”，第八档Ca为“高度投机性”，第九档C为“最低等级”。并且，第一档至第四档属于投资级，即信誉高、投资价值高，第五档至第九档属于投机级，风险较大。

2016年5月穆迪将中国主权信用评级从第二档的Aa3下调至第三档的A1，同处于A1档的还有日本、以色列、沙特等国家。需要说明的是，这是近28年来，穆迪首次对中国下调主权信用评级。穆迪提出的理由主要有三点：一是实体经济债务规模将快速增长，二是相关改革措施难见成效，三是地方融资平台及国有企业债务将增加政府的或有债务。在下调主权信用评级的同时，作为一种技术性的“补偿”，穆迪将中国主权信用评级展望从“负面”上调至“稳定”。根据国际惯例，企业发行外币债券的信用评级上限，不得超过母国的主权信用评级。亦即，穆迪下调对中国主权信用的评级，在一定程度上会影响到中国企业的海外融资等行为。

如何检验穆迪等机构的评级是否准确？答案只有实践！亦即，市场的真实反映。时至今日，中国汇市、股市、债市波澜不惊，并未出现异常的资金波动。这说明，穆迪此举并未改变投资人对中国市场的总体看法。实际上，在评级机构对发行人进行评级的同时，投资者也对评级机构的水平进行了“评级”，前者影响了企业和政府的融资成本，而后者决定了评级机构的声誉。倘若信用评级结果常常不靠谱，那么其赖以立足的“声誉资本”必然受损。深究下去，之所以市场对穆迪下调中国主权信用评级的行为表现出波澜不惊，主要原因有以下四个方面：

一是“不独立”。20世纪70年代，评级机构的经营方式和主要收入来源发生了重大变化：此前靠研究报告销售收入，而此后则变成向被评级客户收费。试想一下，在“发行人付费”游戏规则下，如果发行人加强对评级机构的“公关”，在给评级机构“拜码头”上下功夫，评级机构的利益自然会与发行人保持一致，评级机构便不会真正服务于投资人。换言之，发行人在“发行人付费”制度下容易被“敲诈”、“勒索”：如若中国不去讨好评级机构，便可能得到一个“差评”结果。收费方式的根本性变化，导致穆迪等信用评级机构很难成为真正独立的第三方机构。

二是“不公正”。国际信用评级机构股权结构均较为复杂，一些股东与美国政府关系十分密切，这些评级机构与美国政府之间的关系并不单纯，它们往往相互给予。评级机构并不是可靠的“看门人”，而是被安排在了那个位置。在中国经济“稳中向好”时，穆迪竟做出下调中国主权信用评级之举，动机值得怀疑。应当注意到，一些国家贸易保护主义抬头，恐怖主义肆虐，加剧了全球经济疲弱之态。在这千钧一发之际，穆迪此举有让中国为全球经济低迷“背锅”之嫌，缓解了西方国家的压力，也挤压了中国的政策空间，为中国参与全球治理设置障碍。

三是“不科学”。信用评级通常采用“顺周期”法，即采取简单趋势外推的方法来做出判断。比如，在经济形势趋好时上调发行人的信用级别，而在经济形势走弱时下调信用级别。但现实中，经济运行往往是波浪式前进的，既有“潮起”，也有“潮落”，“潮起”和“潮落”之间必然存在拐点，而“顺周期”评级法对于结构性变化所致的拐点缺少前瞻性，这也成为信用评级普遍存在的一个硬伤。不仅如此，“顺周期”评级法还放大了市场固有的兴奋或恐慌，进而加剧既有风险并引致更大的周期波动。“股神”巴菲特最近如此评价穆迪：这种信用评级根本是错误的机制！

四是“不光彩”。实践表明，评级机构在重大事件的发生过程中扮演着极其不光彩的角色。在东南亚金融危机、美国次贷危机、欧债危机等爆发之前，相关评级机构也无一发出预警，其给出的高信用评级严重地误导了当时的投资人。值得注意的是，欧债危机前夕，评级机构给希腊的主权信用评级甚至高于当时的中国。而在危机爆发之后，评级机构为了“挽救”自己的声誉，又仓促大幅下调相关国家的主权信用评级，如此“落井下石”的行为要么是大幅提高了一国的融资成本，要么是切断了一国的融资渠道，进一步加剧了市场恐慌，使得危机局面迅速恶化。

针对穆迪下调中国主权信用评级，我们一方面要剖析其中的误判，另一方面也要本着“兼听则明”精神，进一步做实、做细我们的风险管控，提升参与全球治理的能力。

一是严惩违规地区。从十八届三中全会决定提出“建立规范合理的中央和地方政府债务管理及风险预警机制”，到1994年《预算法》允许地方适度举债，再到《国务院关于加强地方政府性债务管理的意见》(国办发〔2014〕43号)、《地方政府性债务风险应急处置预案》等规范的出台，中国地方债务管理框架可谓从无到有，成绩斐然。但在“堵暗道”“开明渠”进程中，一些地区变相举债和违规担保行为时有发生。当前，要加强跨部门联合监管，发现一起、严惩一起，严防财政金融风险交叉传染。

二是打破刚性兑付。一些机构和投资人认为，地方国企（包括融资平台公司）债务水平持续增长会增加中国政府的或有债务。然而，根据我国地方债务管理制度，地方国企举借的债务依法均不属于政府债务，地方政府不承担偿还责任。下一步，可以考虑借鉴当年“广国投”破产时的一些做法，树立若干典型，用实际行动告诉机构——中国政府会不折不扣落实“国企债务不属于政府债务”这一铁律，打破刚性兑付的预期，打消一些投资人“挣钱了偷着乐，出事了找政府”念头。

三是加大宣传沟通。很显然，外界对中国加强债务管理、整顿财政纪律的举措了解得不够充分。比如，穆迪这次预测中国政府债务占 GDP 比重在 2018 年将达 40%，在 2020 年将达 45%。但事实上，中国政府债务占 GDP 比重在 2016 年仅为 36.7%，随着政府举债行为将受到越来越严格的控制，未来几年债务规模不会有大变化。当前，要加强宣传部门与财经部门合作，用国际市场听得懂的语言披露经济数据，沟通政策意图，展示中国经济好转、各项改革务实推进的一面。

四是掌控话语权。穆迪之所以对中国指手画脚，在另一个侧面也映射了中国评级机构地位不足的事实，以及中国参与全球治理能力较为有限的状况。当前，我们要尽力而为、量力而行地参与国际事务、承担国际责任，把开放、负责任和兼具包容性的大国形象传播出去，通过“一带一路”等倡议书写新规则，在书写新规则的过程中形成与自身经济实力相匹配的话语权，提升中国在全球治理变革中的地位，根本上改变受制于人的状况，在全球博弈乱局中占据更加有利的位置。

五是增强硬实力。国家之间的竞争，从根本上还是靠实力。以提高发展的质量和效益为中心，集中力量办好自己的事情，努力增强我们在国际上说话办事的实力。必须把改善供给侧结构作为主攻方向，通过放宽准入、简政减税、鼓励创新，改造提升传统动能、培育壮大新动能，持续激发微观主体活力，减少无效低效供给、扩大有效供给，更好适应和引导需求。同时，围绕改善民生来扩大消费，着眼补短板、增后劲来扩大投资，使需求侧管理和供给侧改革相得益彰。

第二节　政府债务的喜和忧

根据中国财政部的数据，截至2017年底，全国政府债务余额合计29.95万亿元。其中，中央财政国债余额13.48万亿元，占45.01%，地方政府债务余额16.47万亿元，占54.99%。如果用政府债务余额除以GDP，可以算出2017年中国政府的总体负债率为36.2%。从横向看，这一数值不仅低于其他主要经济体和一些新兴市场国家的政府负债水平，更是低于国际社会通用的所谓60%的警戒线。从纵向看，这一数值比 2016 年减少 0.5%，这意味着，我们的政府债务已经出现了期待中的下降之势。众所周知，打好防范化解重大风险攻坚战的号角已经吹响，结合过去几年债务治理的成功经验，有理由相信，中国政府债务快速膨胀的势头得到遏制，政府负债率正在步入下行通道。

当然，欣喜之下也有隐忧。一些机构对 29.95 万亿元政府债务余额的核算范围尚存有疑问。根据 2015 年 1 月 1 日起正式实施的新预算法，发行地方政府债券是中国地方政府举借债务的唯一合法形式，因此，29.95 万亿元的政府债务余额仅限于法定的政府债务范围。具体包括三类：一是中央财政国债，二是地方政府债券，三是经清理甄别认定的截至 2014 年末的地方政府存量债务。但除此之外，有些地方政府正在变换花样地举借债务，比如以政府投资基金之名变相举借债务，以政府和社会资本合作之名变相举借债务，以政府购买服务之名变相举借债务，还有一些地方政府违法违规提供担保。这些地方政府难以撇清的事实上的债务，并未被涵盖进 29.95 万亿元的核算范围。

一些境外媒体过分夸大中国政府债务尤其是地方政府债务对经济社会发展的负面影响，声称这将引爆系统性经济危机。可以说，诸如此类的观点是片面的，或者是别有用心的。这是因为，中国的政府债务明显区别于西方国家。不应否认，西方国家的政府债务融资主要是用来弥合养老体系缺口、弥补公共消费亏空，以及进行再分配，需要不断地“拆东墙、补西墙”，而中国的政府债务融资则较多地用于基础设施和公益性项目，形成土地储备、市政建设、交通设施和保障性住房等大量优质资产，有着可观的经营性收入作为偿债来源，偿债基础较为稳固。简而言之，消费性债务与建设性债务的形成基础不同，故而其偿还的逻辑也不同：前者只能通过持续不断的“借新还旧”予以暂时性缓解，结果往往是债务雪球越滚越大；而后者则可以依靠实物资产的运作收入予以清偿，不直接涉及财政的盈亏问题。

通过与西方国家的横向比较，可以拨去中国政府债务悲观论的雾霾。然而，那些仅仅基于横向比较就产生的债务优越感也是断然不可取的。这是因为，在财政支出结构上，今天的中国已经开始在某些方面重复发达国家昨天的故事。近年来，中国财政从过分注重经济转变为适当兼顾民生，有形之手在民生和社会领域发挥了越来越显著、越来越积极的作用。相应地，从纵向看，我们通过举债所获得的资金，如今越来越多地被用于提高社会福利或增加其他公共服务开支。在中国特色社会主义新时代，社会主要矛盾发生了深刻的变化，人民群众的需要呈现多样化多层次多方面的特点，期盼有更好的教育、更稳定的工作、更满意的收入、更可靠的社会保障、更高水平的医疗卫生服务、更舒适的居住条件、更优美的环境、更丰富的精神文化生活。民心之所望，财政之所向。在牢牢把握人民群众对美好生活向往的过程中，中国的财政支出必将发生双重变化：一方面，支出规模扩张，即财政支出占 GDP 比重增加；另一方面，支出结构转变，即财政用于经济事务和非经济事务的资金比例“此消彼长”。深究下去，政府支出的规模扩张和结构转变对财政的挑战截然不同：前者所需的资金或许可以通过增加财政的建设性支出、拓宽财政收入渠道等途径筹集，而后者将根本地改变公共资金的投资回报率，弱化财政收入的可持续增长能力。

债务指标低于所谓的国际警戒线是好事，但决不可掉以轻心。毕竟，警戒线并非“放之四海而皆准”的铁律：在欧债危机爆发过程中，有些国家的政府负债率指标也不高，但危机并未放过它们。联系实际，在一些经济基础薄弱的地方，由于固定资产投资增速高等原因，建设需求和财政实力不匹配，容易铤而走险违规变相举债，成为风险突变的关键节点。这就需要健全对地方债务风险的评估和预警机制，动态监测高负债率地区的债务状况，及时、全面公开地方政府债务限额、余额、期限、用途等信息，完善地方政府债券信息披露机制。

在打好防范化解风险攻坚战的同时，也要让地方政府和官员干出新气象、实现新作为，这就需要在债务管控上进一步“堵后门”“开前门”。“堵后门”就是要严格执行新预算法和担保法，从重、从严整治无序举债、变相举债的乱象。严格落实地方政府的属地管理责任，加大督查问责的力度，坚持谁举债、谁负责，做到终身问责、倒查责任。不仅如此，也要加强跨部门合作，加大对中介机构、金融机构违法违规行为的联合惩戒力度，形成监管合力。“开前门”就是要充分考虑中国经济发展的不平衡不充分问题，特别注重引导那些欠发达地区用明规则替代潜规则，进一步增加地方政府专项债券的发行规模，合理确定分地区的地方政府债务限额，稳妥推进专项债券管理改革。

第三节　地方变相举债行为新动向

防范风险和加强监管是今后一个时期中国金融工作的主旋律。如果把风险分为两类——显性和隐性，可以认为当前对显性金融风险的防范已经可圈可点，但在隐性金融风险的防范上仍面临诸多挑战。关于这一点，地方债的表现尤为突出。

自 1995 年《预算法》实施以来，地方政府及其所属部门的举债方式被限定于发行限额之内的地方政府债券，而不得以任何其他方式举借债务。在充分肯定债务治理成绩的同时，也应当清醒地认识到，尽管规范地方举债行为的“前门”已开，但“后门”仍在，甚至，一些地方还想方设法开辟新的“后门”，系统性风险持续累积。

一是违法违规担保。根据 1995 年《预算法》和《国务院关于加强地方政府性债务管理的意见》(国办发〔2014〕43 号)，除法律另有规定外，地方政府及其所属部门不得为任何单位和个人的债务以任何方式提供担保，同时，金融机构和非金融机构也不得要求地方政府违法违规提供担保。但现实中，地方政府违法违规提供担保的现象不在少数。尤其值得警惕的是，借贷双方之间还演化出了经典的“逆向选择”问题：一些政府负债率高、经济基础薄弱的地方，由于固定资产投资增速高、新增地方政府债券规模低等诸多原因，资金缺口巨大，往往达不到大型商业银行的、相对规范的贷款条件，而只能求助于一些急于拓展业务的、相对激进的地方性金融机构或非金融机构。在此过程中，地方政府出具了五花八门的承诺函、担保函等。甚至，某些地方还对同一个融资项目出具了多份承诺函。毫无疑问，随着高风险的借款人与激进的贷款人的相互结合，金融风险被叠加。

二是以政府投资基金之名变相举债融资。根据《政府投资基金暂行管理办法》（财预〔2015〕210号）、《财政部驻各地财政监察专员办事处实施地方政府债务监督暂行办法》（财预〔2016〕175号）等法规，地方政府在参与设立创新创业、中小企业发展、产业转型升级、基础设施和公共服务等各类基金时，不得向其他出资人承诺最低收益，不得承诺回购其他出资人的投资本金，不得承诺承担其他出资人投资本金的损失。但现实中，部分投向基础设施项目或非经营性项目的政府投资基金，自身现金流难以覆盖基金的本息。在此情形下，一些地方在设立政府投资基金时置"收益共享、风共担"的基本原则于不顾，对不同出资人进行优先劣后的安排，即保证其他投资人作为优先收益，而财政资金作为劣后级对社会资金提供风险补偿，承担全部投资风险，实质上是将资金融通行为混同于股权投资行为，将政府投资基金异化为债务融资平台，失去了股权投资的本来面貌。

三是以政府和社会资本合作（以下简称PPP）之名变相举债融

资。根据《财政部、发展改革委、人民银行关于在公共服务领域推广政府和社会资本合作模式指导意见》的通知（国办发〔2015〕42号）、《关于进一步做好政府和社会资本合作项目示范工作的通知》（财金〔2015〕57号）、《关于进一步共同做好政府和社会资本合作（PPP）有关工作的通知》（财金〔2016〕32号）等规范，地方政府不得对社会资本方进行非理性担保或承诺、过高补贴或定价，不得通过保底承诺、回购安排、明股实债等方式进行变相融资。但现实中，一些地方急于上马项目，往往承诺由政府股东或政府指定的其他机构对社会资本方股东的股权进行回购，以土地出让金、特许经营权等作为担保，向社会资本方承诺最低收益，形成实质上的债权债务关系，实现了变相的举债融资。明股实债的PPP，必然亦步亦趋地滑向"刚性兑付"的融资陷阱，与"政府和社会资本合作"本意南辕北辙。

四是以政府购买服务之名变相举债融资。根据《关于政府向社会力量购买服务的指导意见》（国办发〔2013〕96号）和《政府购买服务管理办法》（财综〔2014〕96号）等规范，政府购买服务须先有预算、后有购买，且购买对象为特定的公共服务，包括：基本公共服务、社会管理性服务、行业管理与协调性服务、技术性服务、政府履职所需辅助性事项以及其他适宜由社会力量承担的服务事项。但现实中，一些地方在无预算的情况下，虚构政府向融资平台的购买服务协议，融资平台便可以协议中对政府应收账款向金融机构融资。一些地方把政府购买服务的范围泛化到几乎所有公共服务，甚至将金融机构、融资租赁公司等非金融机构提供的融资行为也涵盖了进来，一些地方将“工程服务”或“工程”乔装成“公共服务”，给铁路、公路、机场、通讯、科教文卫体、水电煤气、农田水利等领域建设工程的新建、改建、扩建、装修、拆除、修缮等披上政府购买服务外衣。

在实践中，地方债务扩张渠道往往相互交叉。比如，有些地方通过隐形回购协议，投入了 1 个单位的财政资金，便设立了 10 个单位的政府投资基金，紧接着，再利用这 10 个单位的政府投资基金，以明股实债等方式撬动 33.3 个单位的 PPP 项目。在此过程中酿成的巨大债务隐患，不言而喻。此外，地方债务扩张渠道之间还出现了相互替代。尤其是，政府购买服务出现了泛滥化现象。图 5-1 显示，在政府采购结构中，货物、工程和服务的增长速度在 2014 年以后出现了明显分化。其中，货物类采购增速在 2014—2016 年的增速分别为 6.3%、25.6%和 10.2%，工程类采购增速分别为 2.2%、10.0%和 22.2%，而服务类采购增速分别为 26.1%、72.9%和 45.4%，服务类采购的异军突起之势一目了然。究其原因，与 PPP 相比，政府购买服务可绕开规模和流程之限。根据《政府和社会资本合作项目财政承受能力论证指引》(财金〔2015〕21 号)，PPP 资金规模占一般公共预算支出比例应当不超过 10%，这显然很难满足一些地方的资金需求。根据《政府和社会资本合作模式操作指南》(财金〔2014〕113 号)，PPP 项目流程分为 5 个阶段、19 个步骤，落地周期在一年左右，耗时较长。与政府采购工程相比，政府购买服务可一定程度上规避监管，便于操作。根据《招标投标法》，全部或者部分使用国有资金投资或者国家融资的在一定规模标准以上的项目必须公开招投标，整个招标流程从法定时间上看至少需要一个月。① 而若是通过政府购买服务，由于自由裁量权的存在，地方政府则会想方设法套用“单一来源采购”模式，经过专家论证、相关部门审批并公示，一周后即行采购。与其他融资渠道相比，政府购买服务的竞争性孰强孰弱，透明度孰高孰低，耗时孰长孰短，其中“优势”不言自明。

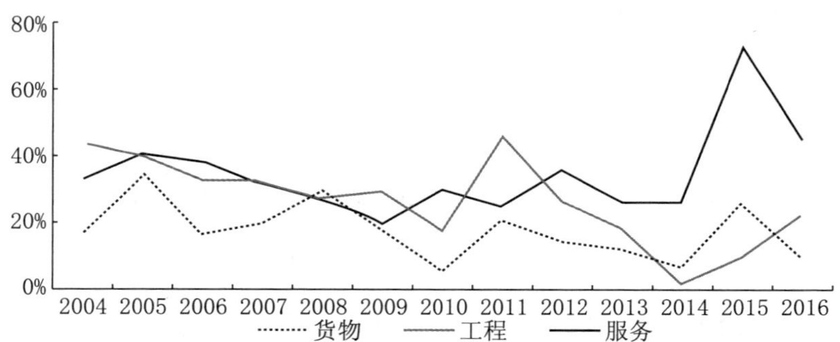

图 5-1　政府采购规模的增长速度

面对地方政府的变相举债融资行为，相关部门及时出台《关于进一步规范地方政府举债融资行为的通知》(财预〔2017〕50号)、

① 值得注意的是，一些地方也会通过“化整为零”的方式，把达到公开招标数额标准的政府采购项目分割成若干个小项目，并使得每个小项目的预算金额额都达不到法定公开招标数额标准，以此规避了公开招标，压缩了融资周期。实际上，《招投标法》早已明确规定，“任何单位和个人不得将依法必须进行招标的项目化整为零或者以其他任何方式规避招标”。地方政府在融资过程中的“变通”行为，可见一斑。

《关于坚决制止地方以政府购买服务名义违法违规融资的通知》（财预〔2017〕87号）等一系列文件，试图在政策层面实现“全覆盖”，并在落实过程中扩大了督查范围、加大了处罚力度。那么，地方举债的“后门”能否就此完全堵上？要客观回答这一问题，就必须对其发生机制形成系统性认识。对于地方举债行为的动机因素，现有文献进行了细致的剖析：一方面，尽管中央政府通过转移支付、税收返还、专项拨款等途径将相当一部分财力返还给了地方政府，但由于财政资金“过手”的方式不够透明以及缺少健全的法律法规，一些地方的财政预期因而出现了扭曲。同时，省以下的地方政府之间并未实现分税制，而是演变为各式各样的包干制和分成制，基层政府财力十分有限且不够稳定；另一方面，地方政府投资范围过宽，其中用于公共产品和服务的支出刚性增长，并挤压了预算内用于投资建设的资金规模，在政绩考核和经济利益等因素的驱使下，地方政府往往选择通过制度外和预算外的渠道来筹集资金，用以维系其超越财力的城市基础设施建设，在“入不敷出”的压力下，禁止举债的明规则被普遍举债的潜规则替代了，一些地方官员甚至还形成“不借白不借”“债多不愁”“借时根本没想还”等的负债发展观。诚然，厘清地方政府举债融资的主、客观原因是十分必要的。然而，若要完整描述地方政府举债融资行为的发生机制，视角不应仅仅局限于动机因素——为什么地方政府想举债，还必须着眼于能力因素——为什么地方政府能举债。

第四节 地方融资渠道的发展脉络

解释清楚为什么地方政府能举债，进而精准施策，是破解地方债务治理“令行禁不止”难题、防范系统性风险持续蔓延的关键所在。若如此，就需要拓宽研究的历史纵深，从过去看现在，在过往的演变轨迹中寻找当下问题的解决方案。回顾新中国成立以来地方融资渠道的演变历程，可以发现，尽管不同时期地方融资渠道并不唯一，但还是能够在其中作出主次之分。随着央地间财政关系和金融关系的调整变化，地方融资渠道呈现出明显的阶段性转换：

在“财政集权—金融集权”时期（1949—1978年），地方政府缺乏举债融资的动机和能力。从财政关系上看，财政管理权高度集中。在“统收统支”体制下，地方财政并非真正独立的一级财政，其收支由中央财政核定，缺口也由中央财政填补。从金融关系上看，金融资源配置权亦高度集中。彼时，中央银行制度尚未构建起来，中国人民银行作为一般性商业性金融机构并兼具了部分的中央银行职能，且在一定程度上要向财政部门透支，金融资金与财政资金的边界较为模糊。在“统存统贷”体制下，全国信贷资金的来源和使用均由中国人民银行总行统一平衡后核定计划指标，逐级下达，各级银行不得“越雷池一步”。可以想象，在“既无内债、又无外债”的导向下，缺乏财政权和金融权的地方政府必然不具备举债融资的积极性和主动性。当然，地方政府在计划经济时期并非完全没有过举债融资行为。在“大跃进”运动中，中央政府连续出台《关于改进财政管理体制的规定》《关于改进税收管理体制的规定》《关于进一步改进财政管理体制和改进银行信贷管理体制的几项规定》等一系列举措，将部分的财政收支权让渡给地方政府，并将“统存统贷”调整为“存贷下放，计划包干，差额管理，统一调度”，下放了一部分金融资源配置权。掌握了一定的财政权和金融权后，地方政府从银行举借了规模庞大的资金，以至于全国的信贷一度失控，投资中的低效和浪费现象司空见惯。随后，财政管理体制和信贷管理体制又重新回到“统收统支”和“统存统贷”。

在“财政分权—金融分权”时期（1979—1993年），国有商业银行沦为地方政府的“提款机”。从财政关系上看，中央政府扩大了地方政府的财权和事权。其中，“统收统支”体制被调整为“划分收支、分级包干”、“划分税种、核定收支、分级包干”等多种形式的包干体制。在“放权让利”改革中，地方政府作为一个独立主体争先发展的自觉性和主动性被激发了出来。从金融关系上看，中央政府采取逐步向地方政府让渡金融资源分配权的做法。在机构和市场层面，中国人民银行从财政部独立，农、中、建、工等四大专业银行先后恢复、剥离或新建，中国人民银行和各专业银行在地方的分支机构实行由总行和地方政府的双重领导，与地方政府关系密切的城市信用合作社、信托投资公司、同业拆借市场等纷纷建立起来。在信贷管理层面，“统收统存”在1981年被调整为“统一计划、分级管理、存贷挂钩、差额包干”，到 1984 又被进一步调整为“统一计划、划分资金、实贷实存、相互融通”，信贷资金分配实行“条块结合”。由此，货币信用创造的阀门被打开了，贷款增速陡然提升（见图 5-2）。在新的信贷体制下，中国人民银行和各专业银行在地方分支机构的信贷管理权限显著扩大，鉴于其同地方政府在人事安排等方面存在着一定程度的领导与被领导关系，从而有着较强的激励去为地方争取信贷资源。在这一时期，银行信贷资金成为地方政府融资的一个重要来源，在地方投融资过程中扮演的角色至关重要：1984—1993 年间，在全社会固定资产投资的资金来源构成中，预算内资金由 421.0 亿元增加到 483.6 亿元，增长 14.9%，而同期的国内贷款则由 258.4 亿元增加到 3071.9 亿元，增幅高达 1088.8%。

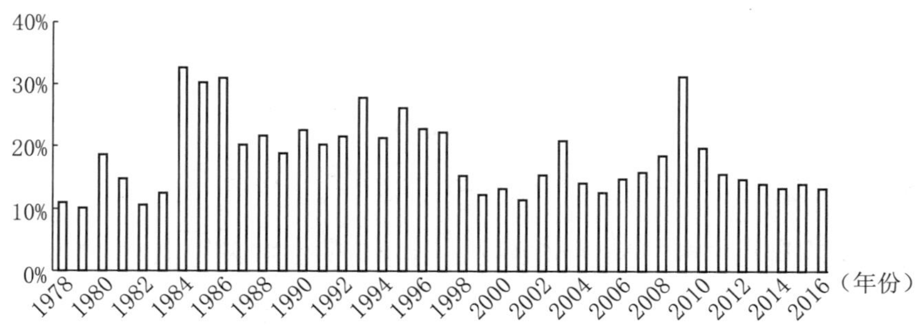

图 5-2　金融机构贷款增速

在“财政分权—金融集权”时期（1994—2008 年），地方政府的乱收费、土地出让等制度外或预算外融资行为大行其道。从财政关系上看，预算内的财权迅速向中央政府集中，而预算外的财权则明显地流向地方政府。为解决“两个比重”（即财政收入占 GDP 的比重和中央财政收入占全部财政收入的比重）骤降及其暴露出的“弱中央”问题，分税制改革在1994年正式启动，有力地强化了中央政府的预算内的财权，而地方财政自给能力（通常以预算内财政收入与财政支出的比值来衡量）则应声下降，融资需求的迫切性陡然增加。另一方面，随着土地出让金制度的确立和推行，央地间土地出让收益分成比例几经调整，在分税制改革中，土地增值税和国有土地有偿使用收入被明确为地方政府的固定收入。随后，住房制度改革以及招拍挂制度的出台则将地方政府预算外的财权落到实处：《国务院关于进一步深化城镇住房制度改革，加快住房建设的通知》（国发〔1998〕23号）提出，停止住房实物分配，逐步实行住房分配货币化；《招标拍卖挂牌出让国有土地使用权规定》（国土资发〔2002〕11号）指出，商业、旅游、娱乐和商品住宅等各类经营性用地，必须以招标、拍卖或者挂牌方式出让；《国务院关于促进房地产市场持续健康发展的通知》（国发〔2003〕18号）提出，要调整住房供应结构，逐步实现多数家庭购买或承租普通商品住房。从金融关系上看，中央政府部分收回了地方政府的金融资源分配权。在机构和市场层面，收回了中国人民银行在地方分支机构的资金管理权限，而后又撤销了省级分行，取而代之的是按大区设立的九大分行，成立证监会、保监会，继而又成立银监会，分别负责证券业、保险业和银行业的监管，形成“分业经营、分业监管”的金融监管格局，成立三家政策性银行，剥离各专业银行的政策性业务和不良贷款，强化专业银行一级法人概念，推进国有银行股份制改造的并完成上市，建立完善全国统一的资金和外汇市场，清理整顿了金融机构同业拆借行为。在信贷管理层面，信贷资金管理政策被调整为“总量控制、比例管理、分类指导、市场融通”。随后，中央政府取消了贷款规模限制，对国有银行实行资产负债比例管理，增强其独立性和按市场规律生产经营的意识。在这一时期，金融集权明显地挡住了地方政府伸向国有银行的“手”。于是，地方政府的乱收费行为流行起来，城市信用合作社以及在此基础上成立的城市商业银行等地方性金融机构成为地方政府的准财政部门。在税费改革浪潮的冲击下，加之城市商业银行在技术上的破产，土地财政逐渐兴盛起来，成为地方政府在非常时期的重要依靠。

在“财政分权—金融显性集权、隐性分权”时期（2009 年以来），地方政府融资平台的角色举足轻重。从财政关系上看，地方政府的财权和事权得到进一步的强化：2016 年，地方财政收入和支出的占比分别为 54.7%和 85.4%，比 2008 年提高了 8.0%和 6.7%。在弥补财政收支缺口的过程中，尽管中央政府陆续出台了一系列的文件，旨在规范地方的土地出让行为，但从结果上看，地方政府对土地财政的依赖在加深：2016 年，土地出让收入与地方本级财政收入的比值为 43.0%，比 2008 年提高了 6.7%。由此亦可见，地方政府介入土地等要素市场的程度更深了。从金融关系上看，中央政府一方面保持了审批、监管、救助等的高度集权，另一方面在应对国际金融危机的过程中，采取了与应对亚洲金融危机时相反的策略，即向地方政府下放了融资权力，尤其是推动了地方融资平台的爆发式扩张，形成了一种显性集权和隐性分权并存的金融资源配置格局。其中，《关于进一步加强信贷结构调整促进国民经济平稳较快发展的指导意见》(银发〔2009〕92号)，明确提出要支持有条件的地方政府组建投融资平台，发行企业债、中期票据等融资工具，拓宽中央政府投资项目的配套资金融资渠道。一时间，地方融资平台数量急剧增加，并通过企业债券、银行贷款、土地储备、“政信合作”等形式推动地方融资规模呈井喷之势。为防范快速攀升的地方债务风险，中央政府采取一系列“堵疏结合、以堵为主”的治理举措，如《关于加强地方政府融资平台公司管理有关问题的通知》(国发〔2010〕19号)、《关于进一步规范地方政府投融资平台公司发行债券行为有关问题的通知》(发改办财金〔2010〕2881号)、《关于切实做好地方政府融资平台贷款风险监管工作的通知》(银监发〔2011〕34号)、《关于加强土地储备与融资管理的通知》(国土资发〔2012〕162号)、《关于制止地方政府违法违规融资行为的通知》(财预〔2012〕463号)等。然而，尽管对地方融资平台由“鼓励”变为“限制”，但平台债务规模仍然呈现出快速扩张的势头。究其原因，地方政府通过注入国债、规费、土地储备收益、存量资产、税收返还等方式，把静态、零散的国有资产转换为动态的、整合的信用资产，极大地增强了平台的融资能力。有些地方甚至把不能或不宜变现的公益性资产如公立学校、公立医院、市政路桥、水利设施、广场、公园、政府大楼等也注入了融资平台，还有一些地方未经法定程序出让或划拨便将储备土地注入融资平台。凭借着强大的要素配置权，地方政府通过融资平台这一“壳子”频频介入金融市场，方式日益多元化、隐蔽化。对此情形，中央政府出台《关于加强地方政府性债务管理的意见》(国发〔2014〕43号)，提出要剥离平台公司政府融资职能，融资平台不得新增政府债务。然而“上有政策、下有对策”，地方政府的变通手法眼花缭乱。比如，融资平台以中标主体的身份与地方政府签订某项购买服务协议，就形成对地方政府的应收账款，然后再凭借应收账款去银行“套钱”，而银行基于业务安全性等方面的考虑，也更加乐意于向融资平台放款，而非向嗷嗷待哺的中小企业放款。可以发现，融资能力超强的平台公司事实上成了资金黑洞，严重地阻碍了信贷资金流向实体经济部门。

第五节　政策启示

“历史题材中有属于未来的东西”，要跳出地方债务治理“上有政策、下有对策”的循环，就需要拓宽研究视角的历史纵深。回顾新中国成立以来的地方融资渠道发展演变历程，可以清晰地发现，央地间的权力调整是贯穿于其中的逻辑主线：在“财政集权—金融集权”时期，地方政府缺乏举债的动机和能力；在“财政分权—金融分权”时期，金融机构监管等权限的下放导致国有银行沦为地方政府的“提款机”；在“财政分权—金融集权”时期，乱收费、卖地等制度外或预算外行为流行起来，成为地方政府在非常时期的重要依靠；在“财政分权—金融显性集权、隐性分权”时期，地方政府投融资平台的角色举足轻重，在中央政府“堵疏结合、以堵为主”的规制过程中，地方政府凭借着强大的要素配置权，整合了国有资产和资源，增强了平台公司的融资能力，频频介入金融市场，采取多元化、隐蔽化的举债策略。简而言之：财政分权激发了地方的举债愿望，而金融分权则将地方举债的愿望变成了现实。既然地方举债能力源自金融分权，那么，要堵上地方举债的“后门”，适时适度收回地方的金融资源配置权必然是顶层设计的题中之意，而融资平台公司首当其冲，这也是防范系统性风险蔓延的一个基本逻辑。

一是逐笔核实融资平台的存量债务。应当注意到，此前在甄别地方政府存量债务过程中，一部分由融资平台替地方政府举借的债务依旧是以公司债务的形式存在，而未纳入地方政府的存量债务范围。对此，要逐笔清理核实，界定清楚融资平台存量债务的归属。对于地方政府以内部文件、会议纪要等方式委托融资平台进行的公益性项目融资，应当补签相关的合同、协议，完善相关手续，履行相关责任，明确融资平台与地方政府的各自权利和义务关系。

二是全面取消融资平台的融资职能。地方政府融资平台公司数量众多，整体上责任主体不清晰、治理结构不完善、操作程序不规范。一些融资平台自身根本无法“造血”，而只是单方面的“耗血”——与实体经济争夺信贷资金，更不必说给城市发展“输血”。对此，要按照法定程序撤销“空壳类”的融资平台，剥离“实体类”的融资平台的融资职能，推动其转型成为公益类的国有企业，成为承接公用事业、土地开发、基础设施等公益性项目的建设单位。

三是严格控制公益性项目建设单位的数量。实际上，融资平台是一个统称，现实中融资平台的名称五花八门，对其进行名录管理着实有一定难度。通过各种各样的平台公司，地方政府从多家银行实现了多头举债。在剥离“实体类”融资平台的融资职能后，要防止其“穿新鞋、走老路”，就必须严格控制公益类项目建设单位的数量，并加强审计监督。原则上，市县政府“一级政府、一家公益性项目建设单位”，省级政府的公益性项目建设单位数量可适当增加。

四是强化责任追究。地方政府之所以能通过融资平台屡屡违规举债，其中既有地方政府的明知不可为而为之，也有融资平台的穿针引线，还有金融机构的大力配合。为此，必须全方位强化责任追究：对于地方政府继续为融资平台提供承诺或担保的，对于地方政府继续将公益性资产注入融资平台的，对于融资平台继续为政府融资的，对于国有金融机构继续为融资平台提供政府性融资的，要严格追究相关机构和人员的责任，并建立终身问责制。

第六章　资金来源与债务风险

第一节　P2P 因何突现"爆雷潮"

2014 年，中国 P2P 行业进入发展的快车道，在一定程度上起到对传统金融有益的补充作用：一方面为有融资需求的中小微企业提供了新的"弹药"，另一方面也为"小有闲钱"的家庭和个人提供了新的投资渠道。然而，在发挥积极作用的同时，P2P 行业的负面问题也在持续累积，提现困难、经侦介入、"跑路"等平台爆雷事件时有发生。值得注意的是，从 2018 年 6 月起，中国 P2P 行业爆雷事件陡然增多。其中，仅在 6 月便有 58 家平台提现困难，16 家平台停业，5 家平台"跑路"，数量创下历史之最。究其原因，主要有以下三个方面：

一是资产端恶化。众所周知，P2P 在现有金融体系中起到的仅仅是一种补充性作用，其服务对象主要是那些难以从传统金融机构获得信贷资源的客户（或曰被银行“抛弃”的客户），因而其客户资质整体上逊于银行机构，平台的底层资产质量相对较差。在去杠杆的宏观背景下，各类信贷机构都面临着巨大的压力，市场上的总体流动性紧张，并引发“大河不满小河干”问题，亦即，信贷压力会从各类贷款机构进一步传导至企业身上，而资质较差的企业必然首当其冲。对此，可以从不良率这一指标上窥得一斑：虽然商业银行的不良率水平保持相对稳定，但农商行、城商行的不良率水平显著抬头，其中缘由便在于后者的客户资质在整个银行体系中处于底层。尽管缺乏不良率数据，难以精准度量 P2P 行业的资产质量情况，但若考虑到 P2P 平台的客户资质整体上逊于农商行、城商行，可以推测，P2P 平台真实的不良率上升速度势必更快，面临着更大的底层资产质量恶化的压力。需要说明的是，之所以 P2P 平台在 2018 年 6 月出现“爆雷潮”，并非不良率在这个时点上出现了突变，而是累积的不良资产余额在此时超过了相应的风险准备金，一旦有什么风吹草动，P2P 平台就容易“突然”变成问题平台。

二是负债端“补刀”。P2P 平台的资产端对应着融资企业和融资项目，负债端则对应着出借资金的居民和企业。如前所述，当前 P2P 平台爆雷的首要原因便是提现困难。要厘清其中的原因，就需要按图索骥，从负债端剖析投资人提现的动机。一方面，股市下泄诱发投资人大规模提现。这是因为，随着股市的下跌，隐藏在水面之下的股权质押风险暴露了出来，此前通过股权质押融到的“活钱”已被用于扩大再生产或是其他方面，短期内很难变现，但在股价接近警戒线和平仓线后，质押方必然需要大量的"活钱"进行补仓，否则金融机构就会出售质押股份、强制平仓。这不仅意味着，那些给上市公司输血的P2P平台面临着底层资产塌陷风险，同时也意味着，P2P平台的一部分资金会被抽至股票市场进行补仓。另一方面，不断升温的一二线楼市对P2P平台进行着快速抽血。实际上，在本轮P2P"爆雷潮"的重灾区，楼市限价摇号往往十分火热，两者之间有着撇不开的联系。现如今，一二线城市的一个楼盘开盘，通常需要冻结近百亿元的购房验资款，而若是几个楼盘同时开盘，则需要冻结成百上千亿的购房验资款。短时间内，规模庞大的资金通过各种渠道被抽到了房地产市场，其中也包含P2P这个渠道。

三是恐慌情绪蔓延。进入2018年以来，债券市场违约、货币流动性紧张、汇率市场下行、股票市场下跌等事件相继发生，这些愈演愈烈的事件引起一些金融市场参与者的警觉和恐惧，加之中美贸易摩擦呈长期化、美联储加息等诸多不确定性因素，金融市场上对未来前景的恐慌情绪开始蔓延，并不约而同抽逃资金以求自保，进一步诱发了金融市场集体避险的"羊群效应"。在此背景下，P2P行业出现的恐慌性情绪和集体避险行为便不难解释。一些P2P投资人风险偏好转向保守，相应地，资金开始从小平台向大平台集中。然而，随着一些投资成交额达百亿级的、具有国资背景的明星平台的爆雷，恐慌性情绪开始在P2P行业持续发酵，进而扭转了资金流向，亦即，资金便不再从小平台流向大平台，而开始大规模撤离P2P行业，以至于几乎所有平台都承受着流动性压力。对此情形，一些排名靠前的大平台通过主动增资、主动披露合规性审查报告、主动公布成交量“秀肌肉”、主动加息、主动加强与投资者沟通和互动等途径，向投资者传递信心，暂时性留住了他们，而其余的中小平台就没有那么幸运了。这也是为什么近来爆雷的平台中，不但有踩在红线上从事非法集资的，也有合规性较高的。

面对 P2P 行业爆雷以及潜在的更大范围的金融恐慌，切忌监管恐慌，要稳住阵脚，积极作为。

一是在打破刚兑的同时，树立行业信心。化解“你只要敢卖，我就敢买”的道德风险、提倡投资者风险自担，是既定政策目标，需要长期坚持。毫无疑问，合规性差、抗风险能力差的平台接下来将以不同方式退出 P2P 行业。为此，就要处理好 P2P 平台退出后的善后工作，保持社会稳定。同时，也要通过差异化、分批的备案安排，适时树立一批合规性强的标杆，树立行业信心，引领行业发展。

二是在整体推进的同时，坚持重点突破。化解系统性金融风险，需要统筹规划，整体推进。同时，牢牢把握房地产市场这个重点。在资金全面退潮、整个社会的流动性收紧的情况下，房地产市场依然能够从其他市场抽血，关键就在于住房持有成本问题。在此问题得到实质性解决之前，不妨以“四个意识”统领房地产调控，落实地方党委和政府主要领导的属地责任，严防楼市非理性升温。

三是在积极治标的同时，推进治本工作。当前金融风险点多面广，且风险在不同的市场和部门之间串联、游荡。其中要害，便在于庞大的资金脱离了实体经济，涌向了虚拟经济。这意味着，仅靠编织更加严密的金融监管网络，还不足以抵御监管对象由“猫”变“虎”后的冲击，还必须引“虎”归“山”，将资金引回实体经济。为此，就须进一步降低民资和外资进入门槛，开创生动活泼的市场竞争格局。

第二节　研究假设：金融风险出现了突变

对于如何才能打赢守住不发生系统性金融风险底线的攻坚战，现有观点尚未形成共识。究其原因，各方在对风险症结的认识上还存在着巨大的差异。这其中，以“分业论”和“混业论”最为典型：前者认为，系统性金融风险的症结在于混业经营，重回分业经营可将风险分而治之；后者则认为，混业经营是金融业发展的必然，要建立与混业经营相匹配的混业监管体制。具体而言：

分业论认为，系统性金融风险的“原罪”是混业经营，那么，重回分业经营有助于将金融风险分而治之。这一观点，无论在国际或国内都有着广泛的基础：放眼世界，在主张分业经营的《格拉斯-斯蒂格尔法》被废除后的10年内，一场席卷全球的金融危机便接踵而至；环顾国内，正是在混业经营时代，“脱实向虚”问题愈演愈烈，监管套利大行其道，金融机构表外业务泛滥、同业业务异化等金融乱象丛生。不应否认，迄今为止尚无足够证据表明法律废除与金融危机之间、混业经营与“脱实向虚”之间不存在因果关系。应当注意到，在中国系统性金融风险的发展演变过程中，金融资源配置权恰恰是在从政府向市场让渡、从中央向地方让渡。我在梳理新中国成立以来地方政府变相举债行为的发展脉络时就曾发现，财政分权激发了地方政府的举债愿望，而金融分权则将地方政府举债的愿望变成现实，成为地方债务风险蔓延的关键所在（李猛，2018）。既然金融分权在金融风险形成过程中起到了推波助澜的作用，那么，适时、适度地收回金融资源配置权，便成为打好防范化解重大金融风险攻坚战的一个重要选择。

混业论认为，混业经营是金融业发展的必然，为此，要建立与混业经营相匹配的混业监管体制，而不是倒退回“封闭式、碎片化、画地为牢”的分业监管体制。实际上，混业经营不仅是利益驱动和风险分散的需要，也是经济全球化的产物，同时，还是信息技术进步的结果：金融机构可以通过多元化经营形成规模经济和范围经济，进而降低业务成本，多渠道获利，并将风险尽可能地分散掉；通过混业经营，金融机构可以更好地为跨国经营企业提供全方位的金融服务，帮助其适应激烈的全球化竞争环境；信息技术的发展极大地降低了金融信息传递和金融数据处理的成本，提高了金融产品设计、生产和销售的效率，增强了金融机构开展新业务、进入新领域的能力。既然如此，金融监管就不应该“削足适履”，重新回到分业经营、分业监管的老路上。关于这一点，英国在国际金融危机以来推行的监管改革便是一个典型：为了适应混业经营的现实需要，英国否定了此前的将微观审慎监管从英格兰银行剥离的做法，而是将英格兰银行打造成了集微观审慎管理、宏观审慎管理和货币政策制定于一身的“超级央行”。

比较而言，上述两种观点各有千秋，当然，也各存缺陷。一方面，正所谓“急则治标、缓则治本”，基于分业论的政策方案在控制系统性金融风险的过快膨胀上可以起到立竿见影的效果。然而，倘若考虑到中国企业日益走进世界舞台的中央，正越来越深入地参与到国际竞争中，其背后必然需要有着强大的、综合的金融服务作为支撑，分业经营、分业监管的思路便显得有些不合时宜。另一方面，经济基础决定上层建筑，基于混业论的政策方案合乎了经济全球化和金融服务效率提升的内在要求，顺应了国际金融危机后全球金融监管体系变革的大趋势，具有较强的实践意义。但深究下去，从分业监管到混业监管的实质犹如是“筑好篱笆”，以杜绝监管套利等“牛栏关猫”现象，其逻辑缺陷之处在于暗含了一个重要的假定——这只“猫”没有发生突变，于是乎，新筑“篱笆”是有效的，可以杜绝或减少金融乱象的出现。然而问题在于，在现实中，中国金融监管的对象已然发生突变，“篱笆”所要抵挡的不再是“猫”，而变成了“虎”。这就意味着，无论把“篱笆”筑得多么严密，其强度可能都是不够的，结果可能都是徒劳的。

本章所要提出的是有别于前述两种观点的第三种观点——“突变论”，即中国的民间资金大规模地脱离了实体经济，导致系统性金融风险出现了突变。规模庞大的资金绕开消费品而涌向了投资品，并且在不同的虚拟部门来回游走，以至于楼市、股市、债市、汇市、信贷等领域轮番上演着资产价格的繁荣与衰退。换言之，仅仅依靠编织更加严密的混业监管网络是不够的，还不足以抵御金融监管对象由“猫”变“虎”后的冲击力，需要更大范围、更深层次的体制性变革。

第三节 风险突变的若干典型事实

在全球各国系统性金融风险的发展演变过程中，既存在一些普遍性的驱动因素，流露出共性的特点，也有着某些特殊性的驱动因素，呈现出个性的特征。从共性上看，金融交易中的一方通常比另一方掌握更多的信息，了解更多的情况，由此产生了逆向选择、道德风险、风险传染、银行挤兑等一系列问题，这就给系统性金融风险的累积和扩散埋下了种子；由于风险与收益的不对称，金融机构倾向于滥用高杠杆以最大限度谋取自身利益，而忽视对投资人和存款人权益的保障，罔顾自身肩负的社会责任，与此同时，政府部门或明或暗的救助进一步助长了金融机构冒险追求利润的行为；在大量的、不同风险偏好的市场主体参与下，金融市场自发地形成了一定程度的内在稳定性，但在跨国经营、相互交叉、相互渗透的背景下，金融机构在经营理念、风险偏好、评级标准、技术手段等方面出现了比较明显的同质化趋势，而监管机构又往往过度依赖金融机构的内部评级和评级机构的外部评级，使得参与金融市场的各方形成一致性的心理预期的可能性大大增加，当他们采取相应的行动时，金融市场的震荡幅度便随之加大；在信息不对称的情况下，投资者在信息处理上通常抱有“搭便车”心理，过度依赖于市场中的舆论，模仿其他投资者的决策行为，这就导致金融市场中极易形成个体趋向于一致行动的“羊群效应”，放大了人类贪婪与恐惧的本性，增强了金融风险的破坏力；在金融自由化的浪潮中，金融机构的混业经营极大增加了金融监管的难度，愈演愈烈的金融创新不仅未能解决信息不对称问题，反而使其进一步恶化。

从个性上看，中国的经济与金融体系相对特殊，以至于系统性金融风险在发展演变过程中出现了一些不同寻常的迹象，尤其是，存款期限结构和价格走势在近年来都出现了格外突出的异常变化。图 6-1 报告了中国银行存款期限结构的变化情况。需要说明的是，为了更全面地观察中国存款期限结构的异常变化，本章的衡量指标并非文献中惯常使用的“剪刀差”，即狭义货币（即 M1，包括现金和活期存款，并且主要是由企业活期存款构成）同比增速与广义货币（即 M2，包括 M1 和定期存款）同比增速的差额，而是 M1 同比增速与 M2 同比增速的“相对值”（即 M1 除以 M2，以下简称“相对值”）。可以看出，“相对值”总体上处在周期性波动之中，这也反映了中国存款期限结构变化呈现出一定的规律性。通常而言，在经济复苏阶段，社会总需求走强，新的经济增长动能逐渐形成，市场中的投资机会持续涌现，企业持有货币是为了满足交易性需求，这在存款期限结构上的表现就是 M2 增速相对放缓，而 M1 增速相对加快，“相对值”由此上升；在经济萧条阶段，产能过剩问题突出，市场出清压力较大，企业通常选择削减投资并回笼资金以应对经济下行的冲击，此时的企业持币考虑则是出于预防性需求和投机性需求，这在存款期限结构上的表现就是 M1 增速相对放缓，而 M2 增速相对加快，“相对值”从而下降。值得注意的是，中国存款期限结构周期性波动的规律从 2013 年起便被打破了，并且，根据新的运行特征，此后的存款期限结构变化分为两个截然不同的时间段：第一个时间段是 2013 年初至 2015 年中，原本处于上升期的“相对值”掉头向下，并长时间在低位徘徊；第二个时间段是 2015 年中以后，原本偏低的“相对值”急剧上升，并一直处于高位运行。众所周知，中国经济在这两个时间段正处于 L 形走势的震荡筑底过程中，但“相对值”在第一个时间段竟然下降到如此低的程度，是难以简单套用经济萧条论的观点来解释的，而“相对值”在第二个时间段大幅上升到如此的高度，也绝非经济复苏的表现，其背后必定还隐藏着更深层次的驱动因素。

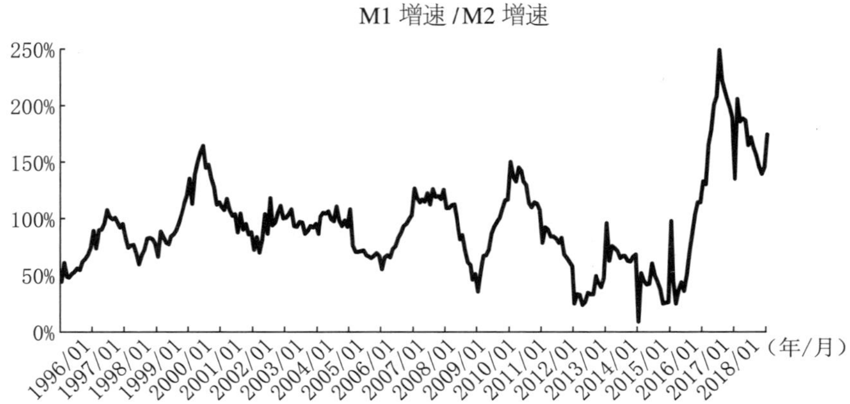

图 6-1　中国的存款期限结构变化：M1 同比增速与 M2 同比增速的“相对值”

资料来源：Wind 数据库。

现有研究对中国存款期限结构的异常表现展开了大量的讨论，但令人遗憾的是，这些讨论主要涉及第二个时间段的 M1、M2 增速异常，这是因为，通过文献中常用的剪刀差指标，可以较好地观察第二个时间段的异常表现，而难以捕捉第一个时间段的异常表现。关于 2015 年中以后的 M1 高速增长，现有研究主要归纳为以下原因：一是投资回报率下降导致企业投资信心不足，企业倾向于追逐高回报的安全资产，而非投资实业，大多处于持币观望其他投资机会的状态，并将资金置于活期账户之中，从而对 M1 增速提高产生正向影响；二是地方债务置换过程中发行的债券大多由金融机构购买，进而使得信用创造由信贷渠道转向了金融机构有价证券投资，对 M2 增速将产生负面影响；三是为抵御经济“硬着陆”，政府实施了逆周期的宏观调控，低利率政策则降低了企业持有活期存款的机会成本，因此企业存款有一定的活期化倾向，将其定期存款转为活期存款；四是扩张性的财政政策实施后，随着财政资金的下达，企业和机关单位账户活期存款增加，进而带来 M1 的增长；五是房地产市场火爆，居民部门的杠杆明显增加，大量资金转移向房地产行业，开发商拿到大量资金流后，并未把相应比例的资金投向定期存款或货币基金，而是把相当规模的资金以活期存款的形式持有（盛松成，2016；连平，2016；沈建光，2016；任泽平，2016）。本章认为，中国的存款期限结构在 2013 年以后出现的两个截然不同的异常变化，表面上看似乎是不同的问题，但其背后很可能是一些共同的因素在推动，要找到第二个时间段存款期限结构异常波动的真正原因，就需要将第一个时间段的异常波动联系起来考虑。

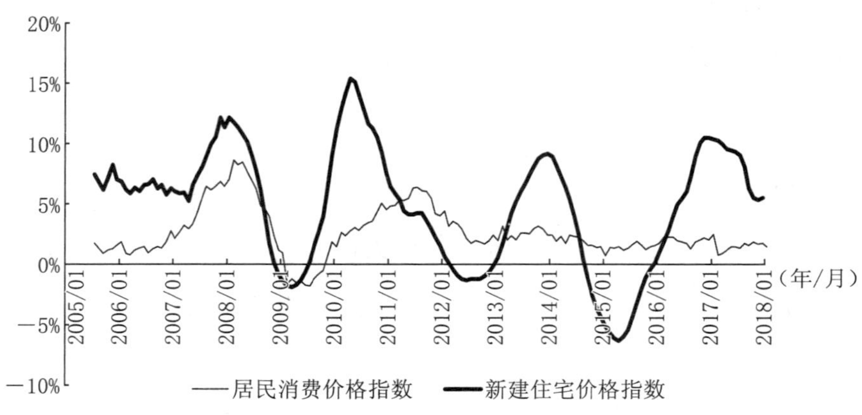

图 6-2　中国物价走势与房价走势的协同性

资料来源：Wind 数据库。

要厘清存款期限结构异常变化和价格走势异常变化的共同驱动因素，可以以物价与房价走势的背离为突破口。图 6-2 报告了中国物价走势与房价走势的协同性。其中，物价走势用居民消费价格指数表示，房价走势用 70 个大中城市新建住宅价格指数表示。图 6-2 显示，2013 年前，中国的物价走势与房价走势较为吻合，两者均呈现出周期性波动，且步调较为一致，同涨同跌；2013 年后，中国的物价走势与房价走势明显分化，物价指数波澜不惊，而房价指数大起大落。如果将图 6-1 和图 6-2 结合起来，将发现存款异常与价格异常出现的时间段高度重叠，存款期限结构的异常变化恰好始于物价走势与房价走势背离之时。对于导致物价与房价走势背离的因素，可以从三个方面观察：一是货币供应量庞大。中国的融资结构是以间接融资为主，贷款是金融中介业务的主要实现形式，因而货币供应量庞大就是相对正常的现象。当然，之所以中国的M2与GDP比值居于世界前列，还在于缺乏有效的宏观审慎监管框架和市场纪律，以至于货币供应体系存在着一个内生的“加速”机制，即在经济复苏时货币供应要加速，而在经济萧条时货币供应也要加速（黄益平，2017）。二是投资回报率下降。图6-3报告中国增量资本产出率（ICOR）的变化情况。其中，左纵轴对应的是增量资本产出率，右纵轴对应的是民间固定资产投资同比增长速度。可以看出，增量资本产出率在近年来显著提高。这一方面意味着，同样的产出需要越来越多的资本，从效果的角度看，宏观政策的刺激作用在衰减，政策空间大幅收缩；另一方面意味着，同样数量的资本投进去了以后，产出数量明显减少，从收益的角度看，投资回报率下降了，投机活动必然变得越来越活跃。随着增量资本产出率的提高，规模庞大的资金必然选择另谋出路，脱离实体经济。三是房产的投资品属性日益凸显。弗里德曼认为，通货膨胀归根结底是个货币现象。然而，同样是货币供应量庞大且投资渠道较少，为何物价走势与房价走势出现严重的背离？其中关键，便在于房产的投资品属性。由于信息的不对称，银行在发放贷款的时候必然要求抵押品，而商品房由于其存续期相对较长，因而成为极受青睐的相对安全的信贷抵押品，并且银行贷款与房地产抵押还会相互促进、相互提高，即，房产价格上涨，则房产、土地作为抵押品的价格也上涨，于是银行贷款规模扩张得更大，并带动房产价格的进一步上涨。近年来，房产价格螺旋式上涨的奥秘正在于此。

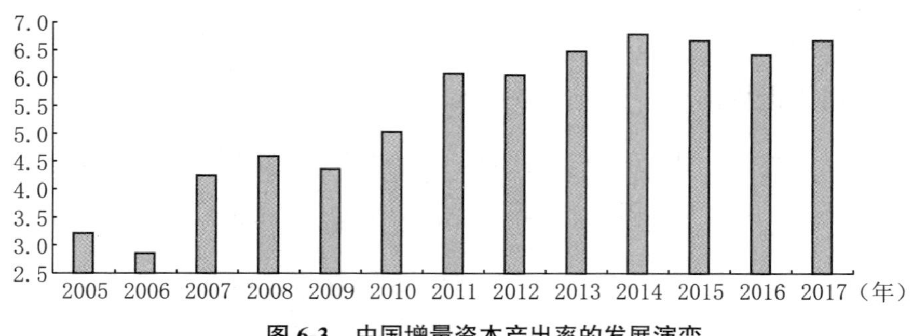

图 6-3　中国增量资本产出率的发展演变

资料来源：作者计算得出。

综上所述，规模庞大的资金在投资渠道相对缺乏的情况下脱离了实体经济，并绕开了消费品，而涌向了投资品，致使消费品价格走势与投资品价格走势出现了严重的背离。显而易见，金融市场中的羊群效应业已形成，随着资金在不同领域、不同市场之间来回游走，资产价格的繁荣与衰退在不断地上演。在被称为中国互联网金融发展“元年”的 2013 年，互联网理财产品爆发式增长，大量的银行存款便从银行转移到互联网金融平台，从根本上改变了货币存款的期限结构，直接导致 M1 增速异常低于 M2 增速。2014 年末，券商股的上涨迅速引发市场狂热，大量资金跟风进入股市，并带来千股涨停的奇观，机构和投资者大规模提升仓位，以至于市场中的流动性相当紧张，遏制了 M1 的增长。2015 年中，股票市场出现重大转折，大量资金纷纷逃离股市，转而涌向其他市场。在最近一轮的房价上涨中，一线城市、二线城市的涨幅比之前几轮更为剧烈。火爆的房地产市场销售，将大量的居民存款和按揭贷款转换为房企的活期存款，极大地推高了 M1 的增长速度。值得注意的是，价格指数大起大落的并不仅仅限于股票市场、房地产市场，还包括信贷市场、汇率市场、债券市场、大宗商品，甚至包括小众商品，“蒜泥狠”“豆你玩”便可以为此提供注脚。这些价格异象背后的投机资金，是存款期限结构异常变化的推手。

第四节　风险突变的政治经济学逻辑

本部分旨在阐释系统性金融风险突变的政治经济学逻辑，重点回答两个问题：一是系统性金融风险的形成逻辑；二是系统性金融风险突变的原因，以及金融监管体制在其中扮演的角色。

一、系统性金融风险的形成逻辑

如前所述，系统性金融风险形成的关键，是大量资金从实体部门涌向金融部门。为描述这一过程的政治经济学逻辑，有必要回顾一下产业资本的循环公式：G—W…P…W′—G′。其中，G 代表货币资本，其职能是购买生产要素；W 代表商品资本，包含 A（即劳动力）和 Pm（即生产资料）；P 代表生产资本，其职能是促进雇佣劳动力和生产资料相结合；W′ 代表包含剩余价值的商品资本，其职能是出售商品，实现预付资本的价值和剩余价值；G′ 代表包含剩余价值的货币资本。可以看出，产业资本的循环依次经历了三个阶段：一是购买阶段，即通过购买生产资料和劳动力，完成从货币资本向生产资本的转换；二是生产阶段，即将生产资料和劳动力投入生产过程，完成从生产资本向商品资本的转换；三是出售阶段，即把包含剩余价值的产品卖掉，完成从商品资本向货币资本的转换。在产业资本循环过程中，基于社会分工的需要，产生了借贷资本和金融业务。从最初的来源看，借贷资本主要有两个方面：一是既非用于个人消费，也非用于资本积累的风险准备金；二是正处于消费周期和积累周期中的货币资金。它们以获取一定的利息为报酬，从某些产业资本循环过程中游离出来，以借贷资本的形式进入另一些产业资本的循环过程，帮助其缓解融资约束，进而实现对剩余价值的分割。随着生产的发展，职能资本扩大再生产的需求日益增加，借贷业务不断发展，借贷市场不断扩大，专职于借贷业务的金融机构应运而生，金融业务不断地细化与创新：从需求看，出于竞争的考虑，资本积累的规模不断扩大，融资规模越来越大；从供给看，产业资本循环的链条越来越粗，从资本循环中游离出来的风险准备金和待消费、待积累的货币资金规模也在扩大。在此阶段，金融活动以产业资本为依托，主要参与实体经济的融资环节，尚未脱离实体经济范畴。

在社会化大生产发展到一定阶段后，部分金融活动开始脱离上述产业资本循环，在流通领域而非生产领域开启独立的运行模式，独自完成资本的循环。金融资本循环公式可以概括为：$G—K_1—K_2—K_3\cdots K_n—G+\Delta G$。其中，G代表货币资本，$K_1$、$K_2$、$K_3\cdots K_n$代表多层级的金融衍生产品，$\Delta G$代表增加的货币资本。在此循环中，货币资本并未涉足具体的产业资本循环，而是脱离了实体经济，以套取买卖间的差价为目的，直接从金融市场购买各式各样的金融产品，并获取了“虚假”的货币利润 ΔG。深究下去，资金由产业资本循环转移到金融资本循环具有其内在必然性：一方面，激烈的市场竞争导致大量分散的小规模资本处于闲置状态，在利益的驱动下，它们走上了冒险投机的道路，频繁出没于金融市场；另一方面，资本有机构成随着劳动生产率增长和技术进步提高了，其结果是实体经济利润率下降了，可变资本相对萎缩了，社会有效需求总体减弱了，商品和资本均开始出现过剩，于是过剩的资本从产业资本循环中转移出来另谋出路，而当实体经济利润率下降到一定程度后，不仅是过剩的小规模资本，就连一些大规模资本也会“脱实向虚”。在此阶段，大量资本从实体部门转移到金融部门，于是实体部门的资本有机构成下降，结果是实体部门利润率的下降趋势得到暂时性缓解，金融部门为实体部门中的过剩资本发挥着“资金池”的作用。然而，随着利润率的短暂恢复，购买先进设备、更新管理方式成为企业家的共识，投资规模和生产规模将出现新一轮扩大，而这将再次提高劳动生产率和资本有机构成，并重演利润率下降和资本“脱实向虚”的一幕。在系统性金融风险爆发前，金融资本的自我复制和自我循环，从积极的方面看，起到了转移实体经济中过剩资本的作用，维持了实体经济的高利润率假象，增加了就业水平，提高了名义收入，刺激了消费，而从消极的方面看，也累积了更大程度的系统性金融风险。

金融机构和金融活动是出于服务实体经济的需要才产生的，是企业间、企业内分工深化的产物，其脱离实体经济的逻辑也并非无章可循，而是源于实体经济自身的根本缺陷。在生产和销售的范围不能进一步扩大的条件下，实体部门的利润率必然趋于下降，相对过剩的资本定会另谋出路，虚拟部门的膨胀便难以避免。要解决生产相对过剩的问题，在保持既定的生产和销售范围的前提下，要么是选择将资本从实体部门转移到金融部门，要么是选择通过消费者透支未来消费的办法来缓和社会有效需求不足的压力（赵磊，2013），这就意味着，经济增长必然越来越多地依赖金融部门的扩张，与产业资本积累相伴的必然是整个经济体系的金融化（Sweezy，1995）。当生产的相对过剩达到一定程度后，不可以通过分散投资加以消除的系统性金融风险便出现了，这也正是国际社会日益重视的原因和各国监管当局面临的难题。当然还应当注意到，与西方国家相比，中国的系统性金融风险急剧上升的一个重要原因，便在于化解生产相对过剩问题的方案单一性。实际上，中国的居民消费深深地烙上了文化的印记，总体上崇尚节俭，厌恶负债消费，在消费观念上相对保守。这也使得在化解生产相对过剩时，中国所采取的超前消费和透支消费措施的成效远不及西方国家，换言之，中国在销售端面临的压力远超过西方国家，正因为如此，相对更多的过剩资本从实体部门转移到了金融部门，导致经济体系出现相对更快的金融化趋势。基于此，便可以解释为什么中国的经济体系金融化的速度以及系统性金融风险累积的速度显得更快。

二、系统性金融风险突变的原因

要找到系统性金融风险突变的原因，就必须按图索骥，厘清规模庞大的资金究竟源自何处。下面，将从固定资产投资增速的结构性变化上寻找答案。图 6-4 报告了中国民间固定资产投资和非民间固定资产投资（主要是国有投资）同比增长速度。显而易见，民间投资增速在 2013 年前后出现了重大转折，开启了断崖式的下跌，而非民间投资与此前相比大致平稳，并无重大变化。联系图 6-1、图 6-2 和图 6-4，可以推断，民间投资从实体经济涌向了虚拟经济，是中国系统性金融风险突变的关键所在。对于民间投资失速下滑的原因，以下两种观点十分流行：一是“不公平论”，即民营企业享受的投资机会和投资待遇不及国有企业。比如，一些地方政府在引进国有企业时可以实行零地价，并配备大量的经济适用房指标，而民营企业则无法享受如此待遇。再如，国有企业可以获取基准利率下浮的银行贷款，且贷款周期相对较长，而民营企业则正好相反，不仅如此，银行对小微民营企业的抽贷和压贷现象十分严重，“融资难”“融资贵”等问题突出。二是“挤出效应论”，即政府投资和国有投资增加，挤占了投资机会和信贷资源，进而挤出了民间投资，比如，一些地方政府的工作导向不是追求效益最大化，而是强调风险最小化，在 PPP 实施过程中普遍希望与国有企业进行合作，优质项目几乎被国有企业垄断，而民间资本进入 PPP 项目则十分困难，一些民营企业为了生存和发展争戴“红帽子”，主动向国有企业“投怀送抱”，寻求被其收购，进而得到庇护。此外，僵尸企业的大量存在，妨碍了正常的市场出清，挤出了非僵尸企业的投资，并且，僵尸企业的挤出效应对民营企业更加明显，而对国有企业并不那么显著（谭语嫣等，2017）。上述观点有一定的参考价值，但并不能完全解释为什么民间投资失速下滑：“不公平论”所强调的民营企业行业准入壁垒以及在获取关键要素上的不公平待遇都是早已存在的老问题，但民间投资失速下滑则是一个新现象，难以简单套用老问题来解释（何帆和朱鹤，2016）；2013 年以前，民间投资增速与非民间投资增速呈现此消彼长的情况（图 6-4），国有资本对民营资本或多或少地存在着挤出效应，但 2013 年以后非民间投资增速并未出现重大变化，从整体上看，政府投资和国有投资似乎并不是挤出了民间投资，反而是起到了补充的作用，即“民退”在先，“国进”在后。

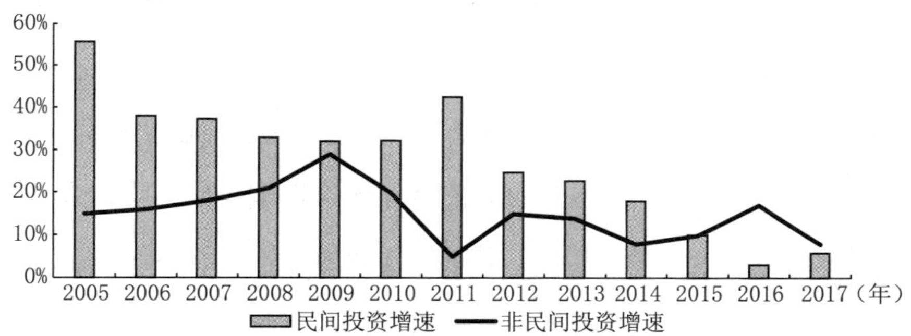

图 6-4　中国固定资产同比增长速度：民间与非民间

资料来源：Wind 数据库。

民间投资失速下滑的一个重要原因，便在于政商关系的变化。众所周知，若以西方的标准来衡量，中国与其他后发国家相比，在营商环境上并不占据太多的优势，企业总体运营成本较高，然而，这并未妨碍中国特色社会主义实现了从“站起来”到“富起来”的伟大飞跃。其中奥秘，便在于特惠型的政商关系，即“有形之手”根据人类现有的产业发展经验选择性地保护一部分企业，尤其是那些效率较高的企业，为其提供了土地、贷款、环保等方面的软预算约束，帮助其降低成本，实现低成本的快速扩张。在中国特色社会主义由“富起来”到“强起来”的伟大飞跃中，越来越多的中国企业将与国外同行一道步入“无人区”，再要去分辨投资项目的可行性和效率的高低就显得日益困难，“有形之手”选择性扶持的做法也就越来越难以奏效，甚至成了探索型产业发展的桎梏。一些官员和商人“勾肩搭背”，阻碍了新企业的进入，推迟了新技术、新产品、新业态和新商业模式的形成。因此，将政商关系由“特惠”调整为“普惠”则成为宏观政策的题中之义，即“有形之手”着眼的不再是降低少数企业成本，而是降低整个行业的运营成本。然而，是药三分毒，政商关系的调整也带来一些负面问题。在简政放权的过程中，一些民营企业办事更难了。原来企业办一件事情要盖若干个章，现在流程简单了，需要盖的章少了，但一些官员不敢盖章，不敢灵活处置。

尽管金融监管体制并非系统性金融风险形成和突变的根本性原因，但也难辞其咎，其中既有态度问题，也有能力问题。一是态度问题。分业经营、分业监管的监管模式容易滋生领地意识或地盘意思。在管辖范围内，监管部门倾向于从严管理，有时不惜限制或扼杀正当的金融创新活动。在管辖范围外，监管部门则表现出事不关己，甚至还存在着将金融风险引向他人领地的机会主义倾向。处于割据状态的监管模式，不可避免地产生市场分割问题，限制了金融大市场的形成，导致金融机构与金融市场竞争的不充分，资金配置效率低下，金融服务供给不足。在体制内得不到满足的资金需求与供给，必然转向体制外。在“谁的孩子谁抱”理念驱动下，监管部门往往无视或者放任体制外混业经营爆炸式生长。比如，中国第一家 P2P 平台在 2007 年上线，但直到 2016 年，《网络借贷信息中介机构业务活动管理暂行办法》方才出台。其间数年，P2P 一直处于野蛮生长状态，违规甚至诈骗行为屡见不鲜。一旦问题出现或风险爆发，监管部门则会以管辖范围为由，唯恐避之不及。二是能力问题。在分业监管的体制框架下，监管部门的角色类似于“铁路警察”，职责是“各管一段”，容易产生整体高风险而局部又合规的监管结果。关于这一点，近年来一些颇具争议的股权收购案例可以提供证据。在这些股权收购案例中，庞大的收购资金同时来源于保险、证券、银行等多个领域，若从每个领域的监管部门“一亩三分地”看，收购行为的形式似乎并无明显违规之处，但若从更高层面便可以看出其问题的实质，即利用债务资金进行股权投资，个中风险不言而喻。这表明，分业监管缺乏对具有复杂股权关系的金融机构进行穿透性监管的能力。一些企业正是利用了这一点，通过设计复杂的股权架构，行循环注资、虚假注资、自我注资之实，掩盖资本不实的真相，更有甚者，还利用若干个影子公司、壳公司持股金融机构，成为金融机构的“隐形股东”以规避金融监管，成为资本“大鳄”，在市场上呼风唤雨、撒豆成兵。

第五节　政策启示

系统性金融风险的突变，尽管表现在金融部门，但根子在实体部门，是民间资金大规模“脱实向虚”进而导致金融监管对象由“猫”变“虎”的体现。当务之急，想方设法引“虎”归山，让民间资金重回实体经济，同时，编制更加严密的混业经营监管网络。本章提出以下十个方面的建议：

一是聚焦法治，强化司法保障。激活民间投资，一个根本的方面就是依法办事，构建、完善促进民间投资的法制框架，并通过贯彻实施将“法制”转变为“法治”。为此，要结合当下的一些社会反响强烈的事件，剖析其中违宪、违法之处，坚持有错必纠，严惩不贷，并督促各个地方开展自查自纠，以实际行动强化宪法和法律权威，改善营商环境。通过强化司法保障，不但要保护依法合规民企的正当权益，也要扭转诚信企业吃亏、失信企业受益的“劣币驱逐良币”之风。

二是保护产权，稳定民企信心。进一步以实际行动和具体案例向全社会宣传《中共中央国务院关于完善产权保护制度依法保护产权的意见》，完善平等保护产权的制度，妥善处理历史形成的产权案件，严格遵循罪刑法定、法不溯及既往、在新旧法之间从旧兼从轻等原则，以发展眼光客观对待和依法妥善处理改革开放至今各类企业尤其是民营企业身上的不规范问题。通过依法甄别纠正社会反映强烈的产权纠纷案件，落实保护产权政策，稳定民营企业的投资信心。

三是营造氛围，崇尚创新创业。可以参照全国科技大会，以党中央、国务院的名义，召开全国民营企业大会、全国“大众创业、万众创新”大会，大张旗鼓地表彰先进的民营企业家，表彰优秀的“大众创业、万众创新”案例，向全社会发出明确信号，增强民营企业家、创新创业人员的社会荣誉感和社会地位。大力弘扬创业文化，厚植创新土壤，营造创新创业光荣、敢为人先、敢冒风险、宽容失败的良好氛围，使一切有利于社会进步的创业创新的愿望都得到鼓励。

四是创新方式，拓宽投资渠道。通过设立基金资本金注入、投资补助等多种方式发挥财政资金的带动作用，广泛吸纳各类民间资金，加大对芯片、操作系统等关键领域和薄弱环节的投入。鼓励民间资金进入产业链长、带动效应显著的行业领域，如工业机器人、“互联网＋”、大数据、人工智能和轨道交通装备等。对于一些投资周期长、投资规模大的领域，可以国有资金为主导，采用参股、项目分包、承包租赁等方式，促进民间资金参与投资、建设和运营。

五是深化改革，提高审批效率。深入推进“放管服”改革，确保下放的行政许可事项、取消的行政审批事项和清理整顿的行政审批中介服务市场等重点任务落实到位，严禁地方政府擅自增加行政审批事项和审批环节，防止权力复归和边减边增。进一步发挥全国投资项目在线审批监管平台的作用，不仅要实现投资项目网上申报、信息公开、协同监管，大幅提高审批效率和服务质量，还要借此开展随机抽查工作，对于无正当理由拖延不办的，要加大行政问责力度。

六是开展整治，打造诚信政府。开展政务失信行为专项整治行动，对于因拒不履行合法合规承诺，并导致民营企业合法权益受损的行为，无论政府是否换届、相关责任人是否更替，都要追究相关的主要负责人和直接负责人责任。当然，在处理“新官不理旧账”问题时，既要立足当下，查找分析原因，进行追责和补救，也要追根溯源，查清前任官员或前前任与企业家之间的利益纠葛并严肃惩戒，以此警示官员自觉增强责任意识，不得违法违规承诺优惠条件。

七是开放包容，激发地方活力。建立干部干事创业的容错免责机制，明确规定对他们在推动经济社会发展中出现的非主观过失或者工作失误减轻或免除相关处罚，不影响其以后的提拔任用。通过构建开放、包容的官员考核机制，并赋予地方官员更多的自由裁量权，充分激发干事创业的激情和活力，调动他们的主动性和创造性，形成想干事、能干事、干成事的浓厚氛围，把干部队伍的人才优势转化为发展优势，塑造相互间比拼、优化营商环境的良好风气。

八是明确责任，严控房价反弹。近年来，中国房价周期性上涨特征十分明显。在大城市，每一轮房价涨幅都比之前更大、更普遍。

当前，一二线城市的房价走势正处于周期的底部，投资者已经形成强烈的房价上涨预期，抢购现象悄然回潮。为此，必须积极应对楼市的新一轮报复性反弹，这就需要对存量住宅设置适当的起征点，增加存量住宅持有成本，构建抑制房价暴涨的长效机制。当然，在新的长效机制构建起来之前，必须明确“一把手”的属地责任，严格加强行政管控。

九是推动出清，管住货币供给。系统性金融风险点多面广，不仅表现在楼市，也表现在股市、债市、汇市、信贷等若干领域。防止这些领域资产价格的暴涨暴跌、相互传染，必须管住货币供给的总闸门。实际上，要切实有效地管住货币供给，一方面需要不屈的意志，打好降低宏观经济杠杆率的攻坚战，不断提高货币政策的相对独立性，另一方面需要坚定的决心，积极稳妥推进市场出清，解决好僵尸企业与非僵尸企业尤其是广大民营企业争夺生产要素的问题。

十是加强统筹，构建混业监管。构建与金融业混业经营相匹配的混业监管体制，是全球金融监管体制改革的大势所趋。这一趋势，在互联网时代的表现格外突出。这是因为，机构注册地和业务经营地可能并不一致，资金端和资产端来源地可能也不一致，碎片化的监管模式显得漏洞百出。为此，就需要在现有机构改革的基础上，进一步推进改革，发挥国务院金融稳定发展委员会的统筹作用而非简单协调作用，补齐监管短板，堵塞监管漏洞，打赢防范化解重大风险的攻坚战。

第七章　科技创新与风险防范

第一节　贸易摩擦与科创紧迫性

中国是经济全球化的受益者，更是贡献者。当前，经济全球化正处在一个爬坡迈坎的重要关口，需要我们稳住阵脚、冷静观察、沉着应对，作出新的贡献。

一、形：经济全球化面临挑战

经济全球化进程正面临严峻挑战。当前，世界经济复苏势头仍然脆弱，全球贸易和投资低迷，大宗商品价格持续震荡，引发国际金融危机的深层次矛盾远未解决。一些国家为了摆脱经济社会发展的困局，错误地认为从经济全球化进程中抽身是其“止损”的法宝，贸易保护主义不断抬头，“逆全球化”思潮暗流涌动。这其中，美国特朗普政府的所作所为十分典型。特朗普政府打着“美国优先”的旗号，逆经济全球化潮流而行，单方面挑起针对中国、欧盟、加拿大、墨西哥等的贸易战。比如，近期美欧发表联合声明，承诺要致力于消除关税和贸易壁垒，其利益交换的背景是特朗普政府威胁要对从欧盟进口的汽车加征20%关税。为了避免一触即发的贸易战，欧盟选择了妥协，承诺进口更多的美国大豆和天然气，美国才同意不向欧盟汽车加征关税。特朗普政府反复无常的贸易政策和限制投资的做法破坏了国际贸易规则，煽动出了巨大的“不确定性”，迫使跨国公司和一般企业不得不重新考虑自身的国际供应链战略，包括其对原材料、中间商以及最终产品跨国交易自由流动的依赖程度，这就危害了全球产业链和价值链安全，引发了全球市场的动荡，给全球的贸易自由化、便利化带来巨大威胁，阻碍了世界经济的复苏步伐。

这些挑战的根源在于全球部分地区经济不平等问题加剧。经济全球化是一把“双刃剑”，既能发挥积极作用，也容易带来一些问题。这是因为，经济全球化不但涉及资本、劳动、技术、产品、服务等资源和要素的自由流动问题，还涉及它们相互之间的利益分配问题。一些国家在经济全球化进程中强调前者，而忽视后者，由此产生经济不平等问题。很显然，与那些能够直接或间接参与到跨境经济活动中的群体（如资本所有者、高技能工人和高阶白领）相比，那些无法参与跨境经济活动、容易被别国工人替代的群体（如非技术工人、准技术工人和中低层企业管理人员）处于相对被动的利益分配地位。当世界经济处于下行周期的时候，全球经济“蛋糕”不容易做大，甚至变小，分配的均衡问题就显得更加突出。如果当局的经济政策不能正确地应对，经济不平等问题势必加剧。比如，国际金融危机爆发后，一些国家祭出了大规模的量化宽松货币政策，虽然刺激了经济增长和就业，但也加剧了收入不平等问题，以至于金融资产持有者的收入大幅增长，而工薪阶层收入增长缓慢。在此情形下，社会公众的被遗弃感和不安全感增强了，于是民心便部分地滑向了打“民粹牌”的政治人物，将其作为最后一根救命稻草。

中国经验可供有关国家借鉴。应当注意到，贸易保护主义行为并非发达国家所独有，也出现在一些发展中国家。比如，印度如今在国际上变成一个十分活跃的反倾销调查发起者。由此，一个值得全世界关注的问题便出现了：为什么中国非但没有出现“逆全球化”思潮，反而各界还在期待更大力度的改革，更大范围的开放？其中一个关键，便在于改革开放以来中国共产党和中国政府对经济不平等问题的重视，在平衡增长和分配、资本和劳动、效率和公平等方面的努力，令经济全球化赢得中国人的好感。党的十八大以来，经济不平等问题得到进一步缓解，精准扶贫脱贫取得决定性进展，蓝天保卫战、碧水保卫战、净土保卫战成效斐然。其中，贫困人口减少 6800 多万，易地扶贫搬迁 830 万人，贫困发生率由 10.2％下降到 3.1％；社会养老保险覆盖 9 亿人，基本医疗保险覆盖 13.5 亿人；单位国内生产总值能耗、水耗均下降 20％以上，重点城市重污染天数减少一半，森林面积增加 1.63 亿亩，沙化土地面积年均缩减近2000平方公里。党和政府在精准脱贫、区域城乡协调发展和环境保护等方面采取的一系列富有成效的措施，改善了利益的分配问题，促进了经济的包容性发展，防止了“逆全球化”思潮的出现，也为推动经济全球化继续前进贡献了中国智慧和中国方案。

二、势：经济全球化不可逆转

科学技术的进步不可逆转。在经济全球化进程中，科学技术的进步发挥了至关重要的推动作用。著名经济学家约翰·哈里·邓宁直言，“除非有天灾人祸，经济活动的全球化不可逆转。这是技术进步的结果，而技术进步的趋势不可逆转”。随着交通、运输和通信等技术的发展，世界各地在时间和空间上的距离被大大缩短，信息可以更加迅速地在相互之间传递，跨国和跨地区的交易变得更加快捷。实际上，20世纪80年代开启的这一轮经济全球化进程，其中一个关键驱动力便在于快速发展的互联网。以往需要几天乃至几个月才能到达的财经信息，如今利用互联网可以在一瞬间到达全世界任何地点，并且成本大幅下降。互联网跨越了时区限制，在全世界范围同步传递巨量信息，把全世界连成了一体。当今世界正处于新一轮科技革命和产业变革前夜，以移动互联网、智能终端、大数据、云计算、高端芯片等新一代信息技术为引领，新能源技术、新材料技术、生物技术等技术群交叉融合，广泛渗透，带动了以智能、绿色、泛在为特征的群体性技术实现突破，重大的颠覆性技术创新不时出现。蓄势待发的新技术革命将颠覆现有的一些产业形态、分工和组织方式，实现多领域融通，重构人们的生活、学习和思维方式，并将引发世界经济与政治格局深刻变化。

中小企业的参与不可逆转。在过去，跨国公司尤其是巨型跨国公司成为经济全球化的主要载体，它们按照比较优势在全球进行投资布局，开展国际贸易，有力地推进了经济全球化。现如今，经济全球化的载体出现重大变化。以互联网为代表的新技术迅速发展，赋予中小企业尤其是新兴国家和发展中国家的中小企业前所未有的历史性机遇，它们灵活，嗅觉敏锐，富有冒险精神，善于挖掘成长中的市场和细分的市场，能够快速地参与国际贸易、资本流动、技术转移和服务提供，不断地从经济全球化的边缘走向中心，与跨国公司一起竞争、相互合作，共同构成经济全球化的载体。这也意味着，那些扛着贸易保护主义大旗的政治人物，其阻碍经济全球化的能力必然下降。这是因为，干预成千上万个中小企业，远比左右几十个、几百个跨国公司困难得多。当然，若要真正有效地左右那些跨国公司也非易事。毕竟，它们是逐利的，充分挖掘、利用全球的比较优势是其本性，可以帮助其实现利润最大化。随着广大中小企业参与经济全球化进程，全球的产业链、供应链和价值链得到重新配置，新兴国家和发展中国家也开始向发达国家投资和产业转移，并形成双向的资金流动，带来世界范围的利益重构和权力转移。

世界市场的成长不可逆转。如果说交通、运输、通信、互联网等的发展为经济全球化提供了技术条件，那么，生产方式则内生性地决定了经济全球化的发展方向。马克思在其世界市场理论中指出，

“对外贸易和世界市场既是资本主义生产的前提，又是它的结果”。换言之，世界市场的产生是资本主义战胜封建主义的必要前提，同时，资本的无限扩张本性使得市场主体不断开拓市场，“由于需要不断扩大产品的销路，资产阶级就不得不奔走全球各地，不得不到处钻营，到处落户，到处建立关系”。作为结果，世界市场不断地扩大和深化。当世界市场的发展将生产力水平推到足够高的程度后，“会使人们认识到资本本身就是这种趋势的最大限制，因而驱使人们利用资本本身来消灭资本。”即世界市场为共产主义最终战胜资本主义准备了物质基础。当然，世界市场的成长并非一帆风顺，其中必然存在波折。这是因为，尽管资本主义国家可以通过世界市场克服本国经济危机，为过剩商品寻找出路，但是，“世界市场在每个一定的时刻也是有限的”。当世界市场的成长速度跟不上生产供给的扩张速度时，世界性的经济危机便出现了。运用马克思的世界市场理论，可以解释为什么技术革命后，资本主义国家都会主张自由贸易政策，而经济危机爆发后，则会主张贸易保护政策。

三、策：以改革开放引领经济全球化爬坡迈坎

以改革开放，增强科技创新能力。如前所述，科技进步是经济全球化的关键驱动力，企业是经济全球化的主要载体，中国要从经济全球化的“参与者”成长为“引领者”，中国的企业就必须在科技创新上破题，从“跟跑者”变为“并跑者”甚至是“领跑者”。为此，必须深化科技体制改革，真正建立起以企业为主体、市场为导

向、政产学研深度融合的技术创新体系。一是全面优化科技创新环境。既要制定和落实鼓励企业技术创新各项政策，也要加大对侵犯知识产权行为的惩罚力度并形成制度，加强知识产权创造、保护、运用，形成企业科技创新的倒逼机制，使广大企业自觉成为科研组织、技术创新决策、研发投入、科技成果转化的主体。二要盘活科技创新资源。建立更加灵活的人事、考评和分配机制，将规模庞大的、沉淀在高校和科研院所的研究力量和研究成果引入以企业为主体、市场为导向的技术创新体系，提升科研成果的含金量。三是加强国家科技创新体系建设。构建科技成果转化体系，发展市场化专业化的技术转移机构、创业服务平台和载体、技术转移人才队伍。同时，完善国家创新体系，准世界科技前沿，强化基础研究，加强应用基础研究，拓展实施国家重大科技项目，突出关键共性技术、前沿引领技术、现代工程技术、颠覆性技术创新。

以改革开放，增强国际参与能力。中国企业要成为经济全球化的重要载体，必须注重提升三方面的国际参与能力：一是“走出去”的能力，即资金技术资源的硬实力；二是“走进去”的能力，即跨文化沟通与管理的软实力；三是“走上去”的能力，即硬实力与软实力的有机结合，赢得所在国政府、企业和人民的认可与尊重。为此，一方面要做“加法”，更好地发挥政府作用。可以通过组建企业国际化投资经营综合服务中心等办法，为企业“走出去”、“走进去”和“走上去”提供一站式、全方位、综合性的服务，满足企业国际化运营中的金融支持服务、商事法律服务、贸易投资便利化服务、信息资讯服务、会展及海外推广服务、海外网络建设、海外维权服务等方面的需求，形成对外投资合作“企业主体、政府扶持、平台共享”的良好格局。另一方面要做“减法”，增强企业的国际参与能力。大幅压减开办企业、获得施工许可、获得电力、跨境贸易、财产登记等的办事时间，创造一流的国际化、法治化、便利化营商环境领域。大幅降低准入门槛，引进低成本资金、高科技技术、先进管理经验和高层次人才，增强企业的国际竞争力。通过进一步深化改革、扩大开放，让本土企业在大海中练就游泳、在磨砺中愈加坚强，让国际化根植于中国企业的基因深处。

以改革开放，增强发展的包容能力。习近平总书记指出，“想人为切断各国经济的资金流、技术流、产品流、产业流、人员流，让世界经济的大海退回到一个一个孤立的小湖泊、小河流，是不可能的，也是不符合历史潮流的。”当前，我们要坚定不移地与国际上的单边主义、保护主义、贸易霸凌主义作斗争。同时，也要持续不懈地化解国内的经济不平等问题，进一步巩固引领经济全球化发展的群众基础。一要直面“快速发展”留下的问题，解决粗放式发展的后遗症，缩小城乡之间、区域之间的差距，防止有人在全面建设小康社会实现共同富裕的道路上掉队，补上社会治理相对滞后、公共安全风险多发的短板，还清在生态环境上的历史欠账，建设天高云淡、山清水秀的美丽中国。二要直面“发展起来之后”的烦恼，解决发展不平衡不充分催生的新问题，满足人民在民主、法治、公平、正义、安全、环境等方面日益增长的需求，为群众提供更好的教育、更稳定的工作、更满意的收入、更可靠的社会保障、更高水平的医疗卫生服务、更舒适的居住条件、更优美的环境。三要直面“进一步发展”绕不开的坎，啃下利益固化藩篱的改革“硬骨头”，充分调动亿万劳动者的积极性、主动性、创造性，有效实现、维护、发展人民的根本利益和现实利益，打开新的发展空间，继续闯出一片新的天地。

第二节　区域一体化与科创必要性

2018 年 4 月 26 日，习近平总书记在对《关于推动长三角一体化发展有关情况的报告》的重要批示中，要求上海发挥龙头作用，苏浙皖各扬所长，实现更高质量一体化，引领长江经济带发展，服务全国发展大局。2018 年 11 月 5 日，在首届中国国际进口博览会开幕式的主旨演讲中，习近平总书记进一步提出，将支持长江三角洲区域一体化发展并上升为国家战略，着力落实新发展理念，构建现代化经济体系，推进更高起点的深化改革和更高层次的对外开放，同“一带一路”建设、京津冀协同发展、长江经济带发展、粤港澳大湾区建设相互配合，完善中国改革开放空间布局。回顾中国改革开放以来的区域发展战略演进，从早期的西部大开发、振兴东北等老工业基地、中部崛起、东部率先发展，到如今的“一带一路”建设、京津冀协同发展、长江经济带发展、粤港澳大湾区、长三角区域一体化，其中的脉络十分清晰，即从过去笼统地强调东部、中部、西部、东北的发展，到现在更加强调跨行政区的协调发展，更加强调要素在地区间的优化配置。作为新时代中国区域发展战略的一个重要标志，长三角区域高质量一体化战略既是中国经济参与全球经济竞争的大势所趋，又是经济发展提质增效的内在要求。

长三角区域高质量一体化发展可以笼统地分为两个层面：生活层面的高质量一体化和生产层面的高质量一体化。前者主要涉及便民生活问题，比如，推动长三角地区民生档案资源共享，方便群众进行异地查阅和利用；再如，开展长三角地区政务系统对接和异地结算，在群众十分期盼的公交、地铁、医院、社保、养老、旅游、文化消费等领域实现“一卡联通”、“一卡结算”，增强老百姓的获得感，进而增进对长三角区域高质量一体化发展战略的认同感。随着科技进步尤其是“互联网+”的发展，长三角区域生活一体化势头良好。互联网凭借其“距离无关”的天然属性，打破了区域、城乡之间的市场藩篱，促进农产品和工业品的双向流通，形成了事实上的区域性乃至全国性统一大市场，有效填补了一些地方商业设施的空缺，使得各地居民都能充分享受到技术带来的商业便利。在推动长三角区域生活一体化上，一些企业尤其是互联网企业已然成为先行者。比如，支付宝通过一个手机APP就克服了上海、杭州和宁波三地闸机硬件的差异，实现地铁刷码的互联互通。2018年12月1日起，三城地铁开启了“通票”时代，只需要通过手机便可以实现地铁的“无缝对接”。这也意味着，长三角区域生活一体化面临的硬件上的一些障碍，可以在软件上找到破解的方法。然而，与生活层面的高质量一体化比起来，长三角区域生产层面高质量一体化尚缺乏实质性进展，跨行政区的要素自由流动和产业协作远未形成。要切实有效推进长三角区域生产一体化，就必须处理好市场和政府的关系，找准着力点。

要使市场在长三角区域生产一体化发展中起决定性作用。迄今为止的人类实践证明，市场机制在很多领域是激发人的创造力、增强社会活力和生产力的最有效手段。关于这一点，在中国改革开放以来的伟大实践中也已得到印证。中国经济社会发展之所以能够在近四十年来取得举世瞩目的伟大成就，最根本的原因之一，就是坚持了市场化的改革方向。从党的十四大提出的“发挥市场机制在资源配置中的基础性作用”，到党的十六届三中全会提出的“更大程度地发挥市场在资源配置中的基础性作用”，再到党的十八大报告提出的“更大程度更广范围发挥市场在资源配置中的基础性作用”，及至党的十八届三中全会，又进一步提出“使市场在资源配置中起决定性作用”，回顾中国波澜壮阔的改革历程，其中的市场化取向十分清晰，市场在资源配置中的作用不断增强。《中共中央关于全面深化改革若干重大问题的决定》明确指出，市场决定资源配置是市场经济的一般规律，健全社会主义市场经济体制必须遵循这条规律。这也意味着，在推动长三角生产一体化发展的过程中，也必须遵循这条规律，激发市场的活力，使市场在其中起决定性作用，依靠市场力量来优化要素资源在区域间的配置，改善经济活动在地区间的分工，而不是简单地由政府包办一切，或是靠行政手段“拉郎配”。

使市场在长三角区域生产一体化发展中起决定性作用的关键，在于充分发挥区域经济一体化的载体——企业的作用。推动长三角区域生产一体化发展要解决的一个关键问题，是推进要素和商品在区际之间按市场规律流动。作为要素和商品的载体，企业在成本最小化、风险最小化、市场最大化、利润最大化等诱因的驱使下，聚合资本、劳动力、技术、土地、原料、企业家才能等生产要素，向市场提供产品和服务，实现了空间上的扩张，有力促进了要素和商品在区域间的自由流动和贸易往来。从企业具体的空间扩张方式看，通常包括纵向一体化和横向一体化两种。其中，纵向一体化，指企业在现有业务基础上向上游或下游延伸，获得对供应商、分销商的控制权，或者加强对其控制，形成产供一体化、产销一体化或产供销一体化，将上下游间的市场契约关系转变为企业内部关系，以求降低上下游企业在市场上进行购买或销售的交易成本，控制稀缺资源，保障关键投入的质量，或是获取新的客户。横向一体化，指企业与处于相同行业、生产同类产品或工艺相近的企业进行联合，以求实现规模经济，快速获得互补性资源和能力，巩固企业的市场地位，等等。由此可见，企业在一体化战略的实现过程中，将密切关联的不同企业的生产经营活动纳入同一个企业内部，加强了自身的控制和支配能力，将基于内外因素将“钱变纸”环节放在某些地方，而将“纸变钱”环节放在另一些地方，形成基于价值链的产业垂直分工与技术水平分工的经济格局，为区域经济一体化奠定了基础。

推动长三角区域生产一体化发展，就需要鼓励企业基于市场规律的兼并、收购行为，营造出企业积极主动进行纵向一体化和横向一体化的良好氛围。

充分调动国有企业的积极性，激活存量。国有企业是中国特色社会主义的重要物质基础和政治基础，是落实长三角区域一体化战略的重要支柱和依靠力量。在推动长三角生产一体化发展的进程中，国有企业的担当和作为是不容缺席的。关于这一点，在港口方面的表现尤为典型，国有企业服务国家战略也不妨以此为鉴。近些年来，长三角地区的港口产业高速发展，港口业绩令人瞩目，但由于港口间缺乏高效的协同发展机制，港口资源在开发和利用上存在着显著的不平衡和不充分问题，一些港口可利用岸线和临港土地资源紧缺，而另一些港口的沿海港口岸线开发程度较低，与此同时，港口之间还会为了扩大自身货物吞吐量而竞相争夺腹地货源，重复建设和资源闲置问题较为突出。深究下去，港口通常由具有当地国资背景的企业控制，其经营管理行为具有属地化特征，然而，港口产业的发展越来越表现出非属地化的特点。尽管非本地的港口企业可以通过参股、合资、管理输出、特许经营权等多种形式，与本地港口企业建立联系渠道，形成合作关系，但从实际效果看，长三角地区港口群的割据式发展和碎片化现象未能得到根本缓解。有鉴于此，成立了江苏省港口集团和浙江省海港集团继而推动江苏省和浙江省本省内部港口一体化发展的基础上，以提高跨地区协调能力为导向，进一步探索成立长三角港口集团，跨省区整合长三角地区的港口群，实现长三角港口群的协同发展，并为长三角地区其他国有企业尤其是竞争类国有企业的整合做出示范。基于市场规律跨行政区整合国有企业、调整国资布局，是激活长三角生产一体化战略棋局的“棋眼”所在。这不仅需要长三角地区的国有企业积极主动地提高政治站位，加强配合协同，以更为主动的姿态和务实的作风融入一体化发展的大局，也需要有关部门改革和完善长三角地区的国有企业监管考核和内部激励机制，把对国有企业的考核同推动长三角区域生产一体化发展挂起钩来，在推动长三角一体化的过程中强做优做大国有企业，不断增强国有企业的活力、影响力、抗风险能力，实现国有资产保值增值。

充分调动民营企业的积极性，做大增量。习近平总书记在民营企业座谈会上明确指出，民营经济具有“五六七八九”的特征，即贡献了50%以上的税收，60%以上的国内生产总值，70%以上的技术创新成果，80%以上的城镇劳动就业，90%以上的企业数量。在世界500强企业中，我国民营企业由2010年的1家增加到2018年的28家。我国民营经济已经成为推动我国发展不可或缺的力量，成为创业就业的主要领域、技术创新的重要主体、国家税收的重要来源，为我国社会主义市场经济发展、政府职能转变、农村富余劳动力转移、国际市场开拓等发挥了重要作用。长期以来，广大民营企业家以敢为人先的创新意识、锲而不舍的奋斗精神，组织带领千百万劳动者奋发努力、艰苦创业、不断创新。我国经济发展能够创造中国奇迹，民营经济功不可没！在全面建成小康社会、进而全面建设社会主义现代化国家的新征程中，我国民营经济只能壮大、不能弱化，不仅不能“离场”，而且要走向更加广阔的舞台。推动长三角区域生产一体化发展，恰恰是民营企业走向更加广阔舞台的一个重大战略机遇。众所周知，长三角地区聚集了中国影响力最大、实力最强的一批民营企业和民营企业家，他们深受市场经济的洗礼，渊源深厚，你中有我，我中有你。早在20世纪80年代，民营企业就成为长三角区域经济一体化最早的试水者。彼时，一大批江苏、浙江的乡镇企业出于生存和发展的需要，通过种种关系从上海、南京、无锡等城市的企业和机构“借脑借智”，聘请“星期日工程师”（技术顾问、工程师和师傅），帮助自身解决机器使用、产品开发和降低成本等问题，自发地推动了长三角区域一体化。尔后，长三角地区的民营企业从产业分工、贸易分工到要素分工、价值链分工，通过不断的转型和重构，促进了城市间分工的不断深化，让跨区域的城市连片发展成为可能。近年来风生水起的“G60科技走廊”，正是市场力量驱动下城市群专业分工、协同的一个标志性产物。现如今，一些民营企业又在通过积极组建民营企业联合体等多种方式，在回报机制、投融资机制、经营管理体制、行政审批制度方面进行“破冰”探索，为民营企业参与区域经济一体化蹚出一条长三角的新路。在此情形下，打破各式各样的“旋转门”、“玻璃门”和“卷帘门”，为民营企业打造更加公平的竞争环境，给民营企业发展创造充足市场空间，就成为宏观政策和地方施政的题中之义。不仅如此，对于纵向一体化和横向一体化过程中出现股权质押平仓风险的部分民营企业，要避免发生企业所有权转移等问题，稳定企业家预期，弘扬企业家精神，保护企业家人身和财产安全。

强调市场在资源配置中起决定性作用，并不意味可以忽略政府在一体化的作用。这是因为，市场并不会自发地起决定性作用，需要政府创造条件。实际上，即便在那些发达市场经济国家，其内部区域间的市场分隔和进入壁垒也是普遍现象，并且，减轻分割、降低壁垒的难度丝毫不亚于主权国家之间的一体化。习近平总书记在关于《中共中央关于全面深化改革若干重大问题的决定》的说明中指出，我国社会主义市场经济体制已经初步建立，但仍存在不少问题，主要是市场秩序不规范，以不正当手段谋取经济利益的现象广泛存在；生产要素市场发展滞后，要素闲置和大量有效需求得不到满足并存；市场规则不统一，部门保护主义和地方保护主义大量存在；市场竞争不充分，阻碍优胜劣汰和结构调整；等等。换言之，仅仅依靠自下而上的民间力量，很难冲破区域间体制性障碍。在推动长三角经济高质量一体化发展的过程中，要破除市场万能的教条主义神话，更好发挥好政府的作用，沿着《中共中央关于全面深化改革若干重大问题的决定》指明的方向前进——“建设统一开放、竞争有序的市场体系，是使市场在资源配置中起决定性作用的基础。加快形成企业自主经营、公平竞争，消费者自由选择、自主消费，商品和要素自由流动、平等交换的现代市场体系，着力清除市场壁垒，提高资源配置效率和公平性”。

更好发挥政府在长三角区域生产一体化发展中作用的关键，在于对症——“行政区经济”下药。改革开放以来，中央向地方分权的政策，使地方政府成为一级利益主体，形成地方政府与地方政府之间竞争的格局。地方政府之间的竞争引发双重后果：一方面，激励了地方政府动员各种要素资源发展本地经济，促进了辖区层面的发展环境改善，推动了宏观层面的经济增长，另一方面又强化了区域间的行政壁垒，带来了一种与区域经济一体化相悖的“行政区经济”现象，以至于区域经济一体化的努力几乎总是绕不开行政区划这道“看不见的高墙”。关于这一点，在长江三角洲地区的表现尤为明显：尽管从比较优势看，长三角地区各具特色——上海的文教卫体发达、科技研发能力突出；江苏的实体经济基础雄厚、制造业先进，浙江的市场氛围浓厚、商业模式创新活跃；安徽的技术创新优势蓄势待发。但从区域一体化发展现状看，地区间无论是在现代服务业还是在先进制造业的项目协作抑或产业合作的机制尚未形成，各地未能完全基于自身比较优势的差异和产业结构升级的规律，竞相追逐那些利大税高的企业，屡屡出现引资项目的恶性竞争，甚至还会通过各种手段阻碍生产要素的跨行政区流动，产业结构高度雷同、自成体系，城市之间的产业分工和特色难以体现。比如，长三角地区的“十三五”规划中，各地在聚焦产业引进和重大基础设施上都有不同程度的交集，而且全部把装备制造和信息化作为未来发展的方向，重复性投入非常大。在“行政区经济”下，行政中心与经济中心还表现出高度的一致性，各地均有意识限制本地财政投入行政边界地区，以至于行政边界地区的经济发展越发陷入边缘化的境地。在经济全球化的浪潮中，区域与区域之间的竞争日益凸显，某一个行政区的竞争力越来越取决于其所在区域整体的竞争力，“行政区经济”的弊端越发显现，破解“行政区经济”的难题刻不容缓。

破解“行政区经济”难题，需要切实地转变政府职能，进一步放权，更好地管住。长三角区域生产一体化的关键在于各行政区域主体竞相开放，尤其是地区之间主动拆除各种或明或暗的行政壁垒和潜规则。深究下去，阻碍长三角区域生产一体化的“行政区经济”，其根源并不是行政区划本身，而是在由计划经济体制向社会主义市场经济体制转轨过程中，政府未能充分及时地向市场还权，政府职能未能跟上经济发展的节拍。实际上，区域的界限永远都是有形的，即便大范围地调整行政区划，也会引发新的“行政区经济”，单纯靠行政区划调整必然陷入行政区划调整——更大的“行政区经济”——行政区划再调整的恶性循环。党的十八大以来，转变政府职能成为深化行政体制改革的核心，而“放管服”改革则是政府职能转变的“先手棋”和“当头炮”，明显地激发了企业的活力。当前，深化“放管服”改革，需要解决改革过程中存在的“最先一公里”、“最后一公里”、“中梗阻”、监管缺位以及服务质量不高等突出问题。为此，一要进一步放权。大幅度减少行政审批事项，压缩前置审批环节并公开时限，彻底消除行政审批的“灰色地带”，防止非行政许可审批转变成内部审批、内部确认、内部备案。规范审批流程，借助电子政务系统设定程序，推进公开化、电子化，减少自由裁量权，方便企业和群众办事。提高部门间的协同性，对同一事项所涉及的部门实现同步放开、同步下放。进一步压缩负面清单，提高市场准入的透明度和可预期性。二要更好地管住。构建“一支队伍管市场”的综合执法格局，实现“多帽合一”，建立跨行业、跨部门的综合监管和执法体系，形成监管合力，解决多头执法、重复执法等问题。进一步推进“互联网+监管”，积极引导专业机构、行业协会、中介组织、社会公众和新闻媒体参与监管。鼓励社会公众和第三方公众利用手机 APP 等新方式举报企业违法线索。打造一个数据库，把长三角地区的数据目录、口径、格式、接口等都统一起来，并把相关的政府数据、社会数据和行业数据按标准统一纳入数据库，实现跨地区的共享应用，联合建立信用“红黑名单”，提升各类市场主体的信用感受度。

破解“行政区经济”难题，需要推进共认“一个章”行动，激发长三角各地真正在优化营商环境和提高办事效率进行比拼，降低企业跨区经营的门槛。推进长三角区域生产一体化，不仅要让政府行为不越位、不缺位，也要让政府行为在政府之间互认。实际上，在优化营商环境方面，长三角各地的探索均可圈可点。比如，江苏推行的“不见面审批”，浙江推行的“最多跑一次”，上海推行的“一网通办”等，都获得良好的社会反响。但问题在于，各地的审批结果尚未实现互认，这就给那些跨省市经营的企业带来了问题：每到一个新的地区，整个审批推进的流程都要从头到尾再重新走一遍，并且，不同地方甚至不同区县的政策都不完全一样，流程也不尽相同，办理效率也有先后快慢之分。为此，加快推进长三角地区共认

“一个章”的行动，推动证、照在地区之间互认，减少企业跨省市经营的障碍，推动地方政府在优化营商环境和办事效率上展开竞争。统一、规范省、市、县各级政府的责任和权力清单。在市场准入领域，统筹建立透明、统一的市场准入政策，实施统一的市场准入负面清单。在市场检测领域，推动标准和检测认证结果的互认，加强各地在标准、计量、检测认证等基础领域的合作。在通关建设领域，加快长三角地区国际贸易“单一窗口”建设，尽快实现“一次申报、一次查验、一次放行”目标，大幅度提升通关效率。

第三节　科技创新链条的瓶颈

中国经济已由高速增长阶段转向高质量发展阶段，正处在转变发展方式、优化经济结构、转换增长动力的攻关期，建设现代化经济体系是跨越关口的迫切要求和我国发展的战略目标。建设现代化经济体系，必须充分发挥科学技术作为第一生产力的作用，充分发挥创新作为引领发展第一动力的作用。找准实践中阻碍科技创新的关键问题，一件事情接着一件事情办，一年接着一年干，让创新真正从“纸面”走向“地面”、从“战略”走向“战术”。本节主要讨论科技创新过程中的成果转化问题。

在加快建设创新型国家的进程中，科技成果转化问题十分突出。实际上，科技成果转化是一项系统性工程。在科技成果转化的链条上（图 7-1），涉及前端、中端和后端等三大环节：所谓前端，形象地说是“把钱变成纸”，即把科研投入变成科研成果，主体是科研人员；所谓中端，形象地说是“把生的变成熟的”，即从众多科研成果中挑选出值得进一步挖掘的部分，进行深度加工，主体是科技中介服务机构；所谓后端，形象地说是“把纸变成钱”，即把有价值的科研成果变成经济收益，主体是企业。若非前端、中端和后端共同发力，科技成果转化这块“硬骨头”很难真正啃下来，科技成果的供给与需求仍将处于结构性失衡状态。

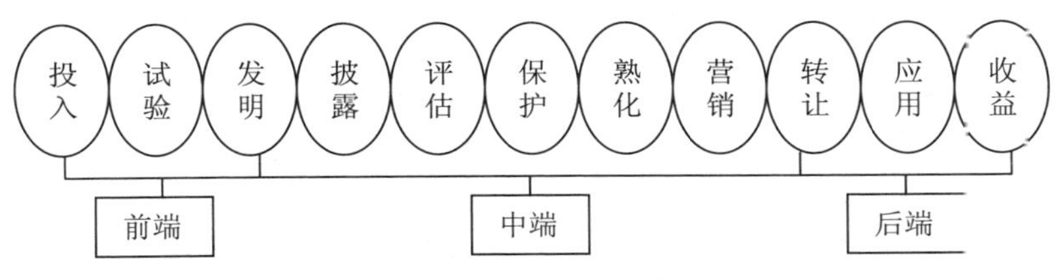

图 7-1　科技成果转化链条

科技成果转化效率低下的原因是多元的。从前端看，现行考核体系“头重脚轻”，以至于科研人员追求发表论文、申请专利的数量，而对其成果的质量即创新性、商业价值和市场前景等方面不够重视，由此带来的问题是科技成果有效供给不足。从中端看，中介服务机构大多处于初创或成长阶段，在技术转化人才的引进、培养和储备等方面都存在着不足，行业“小、散、弱”的问题较为明显，难以在科技成果需求与供给之间架起桥梁。从后端看，大量企业还处在价值链的中低端，缺乏高水平的研发中心和工程化平台，以及购买专利和改造生产线的能力，对科技成果转化“心有余而力不足”，由此带来的问题是科技成果有效需求不足。

在科技成果转化效率低下的众多原因中，中端不畅的问题日益突出。随着《促进科技成果转化法》及其细则的出台，以及相关部委围绕成果转化、高校管理、审计等方面新规的推出，中国以《促进科技成果转化法》为核心的法律体系架构已基本形成，科技成果转化的系统性改革大幕正徐徐拉开。一些高校院所探索建立了有利于促进成果转化的职称评定、收入分配、考核评价和激励约束等制度，一些企业与高校、科研院所共建了产学研协同工程中心，开展概念验证、中试熟化和产业化开发，一些针对共性关键技术研发和推广应用的产业技术创新联盟孕育而生。可以预见，随着科技成果转化链条的前端和后端的持续改善，中国科技成果的有效需求和有效供给将不断地释放出来。在此情形下，科技成果转化链条的中端便成为当前亟待攻克的重点领域和关键环节。毕竟，科研人员通常不会叫卖，而企业又往往估摸不出价值，缺少了有实力的科技中介服务机构在其中深度挖掘、牵线搭桥，大量的资金便找不到合适的投资项目，企业的创新需求无法得到满足，而一些有价值的科研成果也将被湮没。需要说明的是，一些地方近来开始重视对专业化科技服务机构的培育，如鼓励创办专业化服务机构，引导高校、科研院所建立专业化技术转移服务机构，开展了技术经纪人培训等。这些举措具有积极的探索意义，但由于体制性障碍的存在，其成效可能并不十分显著。

一是民营的科技中介服务机构“难长大”。对于很多民营科技中介服务机构来说，一项重要业务就是专利申请服务。在“按件收费”

的经营模式下，它们撰写专利说明书和权利要求书时做的是“一锤子买卖”，重视的往往不是质量，而是数量，至于专利能否真正转化似乎并不特别关心，其撰写出来的文本往往很薄，专利保护性较差。深究下去，这些表面现象所折射出来的深层问题，是其资金实力欠缺。由于资金实力不足，它们往往依靠发展知识产权代理、分析等辅业收入来筹集资金，进而弥补知识产权运营等主业的开支，结果反而使得自身业务聚焦度不够、专业化水平止步不前，进而陷入“难长大”的循环。即便给予一些优惠政策，这些民营的科技中介机构也很难在短期内崛起为科技成果转化链条中端的主力军。

二是高校、科研院所的技术转移服务机构“难作为”。近年来，一些高校、科研院所的技术转移服务机构在业界声名鹊起。但总体上看，高校、科研院所的技术转移服务机构由于特定隶属关系，表现出行政色彩浓厚、市场化程度不高、专利学科狭窄和服务对象有限等诸多问题，自身的中介服务能力普遍较弱。一部分高校、科研院所只看到了科技成果转化的投入，而看不到科技成果转化的效益，急功近利的心态导致其不愿投入大量资金开展科技成果转化，结果又使得自身的转化效益很难提高，进而陷入“难作为”的怪圈。除此之外，一些规模较小的高校、科研院所往往缺乏独立创建技术转化、转移服务机构的能力，迫切需要有实力的第三方科技中介服务机构为其提供服务，帮助其找到潜在的科技成果需求方。

三是碎片化的知识产权管理体制“卡脖子”。如果把资金实力和隶属关系看成是缺少品牌科技中介服务机构的一个内部原因，那么，产权管理分散则是一个外部原因。根据现行知识产权管理体制，知识产权局对专利具有行政管理权，工商局内设的商标局和商标评审委员会负责商标注册和管理工作、依法保护商标专用权和查处商标侵权行为、处理商标争议事宜，新闻出版广电部门负责著作权管理和公共服务，农林部门负责植物新品种的管理和审批，农业、工商、质检部门负责地理标志的审批和管理，海关、商务、文化等部门分别承担与其业务相关的知识产权管理工作。碎片化的知识产权管理体制不利于科技中介服务机构提供综合性知识产权服务，制约了科技中介服务机构“做大做强”。在现行体制下，单个科技中介服务企业难以给客户做到“一站式服务”，它需要另找一个合作伙伴，或者再设立一个法人，而这势必降低科技中介服务的供给效率。在遇到知识产权争端时，也很难找到统一的行政部门寻求帮助，获取相关信息需要寻找不同的平台和入口，迫使其将一件事分为多件来办理，成本大大增加。简而言之，在条块分割的知识产权管理体制下，大型科技中介服务机构很难成长起来。

科技成果转化犹如“大浪淘沙”，当前的突出问题不是缺少“砂石”和“微波”，而是“大浪”，即缺少大型、市场化、专业化的科技中介服务机构。一些科研院所在科技成果转化的招投标过程中，有实力的科技中介服务机构太少，以至于投标数量常常达不到最低要求。那些“小、散、弱”的科技中介服务企业所泛起的充其量是“涟漪”，自然也就无法“淘沙”，难以担当科技成果转化的桥梁，成为阻碍中国经济发展质量和效益持续提升的一个瓶颈。

第四节 政府定位："有限"且"有为"

科技成果转化是普遍存在的世界性难题，绝非中国独有现象。即便在成熟市场经济国家，相当一部分发明尚处于概念验证阶段或实验室原型（机）状态，仅有少部分具有制造可行性。世界各国的这一普遍现象所折射出来的共性问题，是市场在科技成果转化上存在着失灵。毋庸置疑，成熟市场经济国家在科技成果转化链条前端和后端的表现可圈可点，科技成果的有效供给和有效需求较为旺盛。那么，一个合乎逻辑的推断是，其市场失灵可能更多地表现科技成果转化链条的中端。既然出现了市场失灵，就需要政府在找准定位的前提下有所作为。

一、有限政府

认知能力之限。任何政府的能力都是有限的，尤其是认知能力。众所周知，后发国家在经济赶超的过程中，往往都基于自身条件制定了各种各样的产业政策，重点扶持某些产业优先发展。这其中，有些产业政策成效显著，也有些产业政策收效甚微甚至是失败的，以日本为例，其对汽车产业的扶持当属前者，而对彩电产业的扶持则属后者。当然，不应根据成功或失败案例的多寡，来简单地断定产业政策是否有效。产业政策有效与否及其原因，需要进行深刻的总结和提炼。以汽车产业为例，其具有相对稳定的发展和转移规律，是有迹可循的，后发国家通过模仿先发国家便容易获得成功。对于类似的模仿型产业存在的一些问题，诸如配套环节较多、生产周期较长、初始投资较大等，政府可以通过“集中力量办大事”的思路，将有限的资源引导到这些需要重点发展的行业，发挥“有形之手”的调节作用。而在彩电产业，其显示屏技术日新月异、竞争异常激烈，具有极强的不确定性，即便是身处市场前沿的企业家都难以准确把握，更不必说是政府官员了。对于类似的探索性产业，只能依赖于企业家精神。如果政府罔顾自身认知能力之限，强推产业政策，结局将无异于豪赌。科技成果转化也具有较强的不确定性，是一种典型的探索性经济活动，产业政策当谨慎使用，政府不应试图驾驭市场甚至取代市场，而应以弥补市场失灵为基本原则。

财政能力之限。财政是国家治理的基础和重要支柱，也是政府行为的约束条件。当前，认识到政府的财政能力之限，对于定位政府作用具有重要的意义。尤其需要关注的是，在“人的城镇化”进程中，中国的财政绩效将从“事半功倍”演变为“事倍功半”，财政能力面临两大挑战。一是城镇化路径从“以城为本”转向“以人为本”。众所周知，中国的城镇化发展并不是通过农村城镇化、农业现代化和农民市民化的同步过程实现的，而是被拆分成了“物的城镇化”和“人的城镇化”两大阶段。在前一阶段，地方政府收获了土地财政的钱袋子，而将与之相应的成本转嫁、延后，完成“职业的非农化”和“居住的城镇化”；在后一阶段，地方政府不得不解决农业转移人口的市民化问题，推进“户籍的城镇化”和“角色的市民化”。而解决农业转移人口的市民化问题的关键一招，是在隐藏于户籍背后的公共服务、福利和权益上做“加法”，增加财政投入强度。二是财政支出从“建设型”转向“消费型”。在城镇化中前期，各国财政用于经济性事务的支出普遍较多，而在城镇化中后期，随着人口的聚集，地价上涨、住房紧张、交通拥堵、环境破坏、资源短缺、社会冲突等一系列负面问题浮出水面，作为应对，政府的经济性事务支出下降，社会性事务支出上升。财政支出结构的变化，又带来一系列连锁反应，使得财政资金从高投资回报项目上转移到低投资回报项目上，公共部门的投资回报率由此进入下降通道，进而根本地改变公共资金的投资回报率，对政府收入汲取能力造成永久性损伤。换言之，随着财政汲取能力的弱化，政府科技成果转化上的“有为”必须建立在“有限”的基础之上。

二、有为政府

弥补市场的失灵。产业政策否有效和必要，以及如何界定政府和市场在产业发展中的作用等，是富有争议的话题。众所周知，学界围绕产业政策问题展开了多次论争，由于其切中了中国经济深化改革的核心问题，因而引起全社会的关注。当然，在辩论过程中，双方往往把问题都扩大化和夸大化了。比如，一方过度夸大了政府及其产业政策的作用，认为要建立有为政府而不是有限政府，而另一方则过度夸大了市场的作用和完全否定产业政策，认为市场不会失灵，要废除任何形式的产业政策。实际上，科技成果转化政策应当实事求是，避免异化市场的“决定”作用和政府的“更好”作用：如果脱离理论谈论科技成果转化，便容易产生无所适从的尴尬，而如果纯粹地从经济学理论的角度讨论科技成果转化，则有可能陷入教条的窠臼。值得注意的是，即便在成熟的市场经济国家，政府除了在基础设施、公共服务等领域发挥作用，对战略性、投入大、周期长的重大创新领域也发挥政策和投资的引导功能。当然，科技成果转化政策的必要性并非建立在“所有国家都在搞”的基础之上，而是基于现实——前述的科技成果转化中端的市场失灵。既然当前科技中介服务机构普遍存在着自身难以克服的种种问题，那么，政府跳出教条的窠臼，更好地发挥作用便成为宏观政策的应有之义。

偿还历史的欠账。中国科技成果转化效率较低，除一般意义上的市场失灵，还有着深刻的体制惯性。在计划经济体制下，研发与生产相脱节，科技创新须历经先研发、后转化、再应用推广等流程。改革开放以来，科技体制历经多次调整，但以企业为主体、市场为导向的技术创新体系尚未构建起来。在研发与生产之间，政府则直接扮演着桥梁的作用，但受制于激励机制和专业能力等的影响，其效果差强人意，科研需求和科研供给经由政府部门的汇集、加工和传达后，很难精确地匹配对接。由此可见，提高科技成果转化效率的终极手段，乃是将割裂的研发环节与生产环节黏合在一起，构建以企业为主体的技术创新体系。当然，新的技术创新体系绝非一朝一夕之功可以建成。在此过程中，单纯依靠“无形之手”来解决科技成果转化难题的想法显然过于理想化。尤其是，处于产业链中低端的企业往往更关注当期能否活下去的问题，而忽视远期才能产生效益且具有一定风险的技术创新活动，在经济不景气时首先考虑的是削减研发投入，根本无力构建高水平的研发中心。解铃还须系铃人，在以企业为主体的技术创新体系真正构建起来之前，须让“有形之手”更好发挥作用，尽可能推动产、学、研相互融合。

第五节　完善科技创新链条的思考

无论是从认知能力上看，还是从财政能力上看，政府在科技成果转化过程中的作为都应当谨守边界，有的放矢。在弥补科技成果转化中端环节市场失灵的过程中，厘清科技成果转化政策的范围十分重要。政府抛出的应是恰到好处的“小锦囊”，而非无所不包的“大箩筐”。从操作层面看，产业政策的“小锦囊”应着眼于新型政商关系构建，着眼于市场主体能力建设，着眼于供给侧结构性改革，着眼于国有企业改革，把破旧和立新结合起来，把去产能和补短板结合起来，把国有企业改革和科技成果转化结合起来，在国家治理体系框架中思考和谋划。

着眼于新型政商关系的构建。如前所述，后发国家在模仿型产业的发展上硕果累累。当然，在不同的后发国家，政府行为还是有着难以忽略的差距。中国与其他后发国家相比，尽管在以西方标准衡量的营商环境指标上不占优势，企业运营成本总体较高，但创造出了持续时间更长的经济奇迹。其中奥秘，便在于特定产业发展时期形成的特定政商关系。在一个分权的体制下，地方官员基于晋升、财税以及其他利益的考量，在相互间展开了竞争，并选择性地为部分本地企业提供特殊的保护，帮助它们克服不良营商环境的障碍，使其实现了低成本的快速扩张。当然，尽管很多地方打出了“不求所有、只求所在”等口号，但并非所有企业都能获得均等的机会。从结果上看，一些效率较高的企业往往成为幸运者。在模仿型产业大发展时期，政府的选择性扶持行为绩效显著，改善了整体的资源配置效率，为经济增长注入了活力。然而，随着中国经济跟先发国家之间的差距越来越小，再分辨出哪一家企业效率更高就显得日益困难，因此选择性扶持的做法也就越来越难以奏效。并且，在模仿型产业大发展时期形成的传统政商关系，越来越成为探索型产业发展的桎梏：一方面，一些官员和商人形成勾肩搭背和不分彼此的关系，必然阻碍新企业的进入，推迟新技术、新产品、新业态和新商业模式的形成；另一方面，从传统政商关系中获益的大量国有和民营企业对过往的“特惠”措施还存在着深深的路径依赖，以至于企业对科技成果的有效需求整体不足。总之，在新形势下推动科技成果转化的产业政策，要根本地区别于传统的产业政策，要放在构建新型政商关系的背景下来思考和谋划。

着眼于市场主体能力的建设。在科技成果转化的中端环节，单纯靠“无形之手”已然无法解决当前的问题，需要“有形之手”加以协助。当然，产业政策需要转型，从“挑选赢家”转向提供服务，帮助科技中介服务企业提升能力。在市场主体能力建设上，摒弃保护性补贴，防止有限的财政资金沦落为“唐僧肉”，防止科技成果转化政策沦为某些关系户“跑部钱进”的提款机。摒弃传统的“特惠”做法，即选择性扶持部分科技中介服务企业。这是因为，在资源有限的情况下，一些中介服务企业获得资源更容易，必然是另一些中介服务企业获得资源更难，这样的扭曲行为不利于探索性行业整体效率的提升。提升科技中介服务企业能力的关键，在于实施“普惠”政策，降低整个行业的运营成本。比如，人才培养政策。在全世界范围，科技中介服务行业的专业化人才都是稀缺的，那些精通专利管理、交易谈判、合同谈判等科技成果转化全流程的人才少之又少，整个行业都面临着“无处招贤、无力留贤”的共性问题。这就需要政府着力解决专利和转化复合型人才的培养问题。除此之外，资金问题在科技中介服务行业也十分突出。显而易见，科技服务中介和房地产中介的业务不可同日而语，单纯地依靠类似于发展房地产中介的思路（如培训技术经纪人、增设科技中介服务机构等）来发展科技服务中介，可能收效甚微。基于本章前述的财政能力和新型政商关系等方面的考量，适时、恰当地将生产要素引入科技成果转化的中端环节，推动科技中介服务行业朝着品牌化、市场化、专业化等方向发展，便成为当下的一个重要政策命题。

着眼于供给侧结构性改革的推进。供给侧结构性改革的一个难点，便是在保持劳动力就业、各级政府税收、银行贷款不良率等总体平稳的前提下有效地去产能，让国有企业从产能过剩的泥潭中挣脱出来。保持宏观稳定的大前提也必然意味着，减少无效供给是供给侧结构性改革这枚“硬币”的一面，“硬币”的另一面应该是增加有效供给。科技成果转化的中端环节，已然给中国的产能结构性调整预留了广阔的空间。既然在科技成果转化的中端环节存在着市场失灵，投入大、周期长、风险高等问题令民营机构无力进入，那么，发挥“有形之手”的调节作用，引导生产要素从产能过剩行业流向产能短缺的科技中介服务行业便可成为备选方案之一。党的十八届三中全会强调，国有资本投资运营要服务于国家战略目标，更多投向关系国家安全、国民经济命脉的重要行业和关键领域，重点提供公共服务、发展重要前瞻性战略性产业、保护生态环境、支持科技进步、保障国家安全。中共十九大报告指出，要加快国有经济布局优化、结构调整、战略性重组。实际上，国有经济布局优化、结构调整、战略性重组，必须服务于国家战略目标。通过国有经济布局调整，将部分国有资本引导到科技成果转化的中端环节，使其在市场失灵的科技中介服务领域发挥带动作用，可以作为当前推进供给侧结构性改革的一个重要切入点。

着眼于国有企业改革的探索。国有经济布局调整并非简单地一调了之。在当前形势下，应把科技成果转化和国有企业改革有机结合起来，既解决科技中介服务行业的产能短缺问题，又克服传统国有企业的一些弊端，从根本上提高科技中介服务供给的质量和效率。近年来，国有企业改革在不停地探索，如员工持股、引入战略投资者、开放式改制重组、整体上市或核心资产上市等。这些有益探索，对于推动不同类型的国有企业转型发展来说有着十分重要的意义。应当注意到，在产能过剩行业苦苦挣扎的一些国有企业，多属于大型、超大型集团，其涉及的资产规模十分庞大，不可能，也没必要通过统一改革路径完成转型。在科技中介服务行业，可以积极地探索国资国企改革的多样化路径。党的十八届三中全会提出，完善国有资产管理体制，以管资本为主加强国有资产监管，改革国有资本授权经营体制，组建若干国有资本运营公司，支持有条件的国有企业改组为国有资本投资公司。十九大报告指出，要完善各类国有资产管理体制，改革国有资本授权经营体制。实际上，从“管企业”向“管资产”转型，是“让市场在资源配置中起决定作用”的一个重要体现。然而，改革到深处就是利益，“管资产”涉及国资监管部门和国有企业的重大利益调整，其中阻力不言而喻。在科技中介服务这一新兴行业引入国有资本，可以作为新形势下国有企业改革的一个重要的试验田，为从“管企业”向“管资产”的转型提供更多可复制、可推广的经验。

第六节　政策启示

一、强化科技成果转化链条的中端环节

建设现代化经济体系，必须把提高供给体系质量作为主攻方向，

从供给侧、结构性改革上想办法，努力实现供求关系新的动态均衡。科技成果转化效率低下的问题，正是供求关系结构性失衡的一个真实写照。为今之计，既要着眼长远，深化科技体制改革，建立以企业为主体、市场为导向的技术创新体系，也要立足当前，在新的技术创新体系构建起来之前，更好发挥政府在科技成果转化中端环节的作用，推动产、学、研相互融合，进一步提升中国经济发展的质量和效益。

一是强化金融支撑，试点“科技成果转化信托投资基金”。既然现有的一些科技中介服务企业因为资金实力不足而陷入“难长大”的循环，那么，就可以金融为抓手，在选取部分国有企业进行“管资产”改革试点的同时，协助科技中介服务企业加速能力建设。为此，可以考虑由相关部门发起设立若干家“科技成果转化信托投资基金”，专门司职科技成果转化领域的投资。对于资金来源，可以根据国有经济布局的实际情况，在产能过剩行业选择部分国有企业进行资本化运作，使之从企业形态转化为资产形态，进而纳入“科技成果转化信托投资基金”。不仅如此，相关部门还需要利用自身的号召力，广泛地吸纳社会资金，甚至可以在全世界“招商引资”，做大“科技成果转化信托投资基金”的规模。“科技成果转化信托投资基金”成立后，应按照金融业的市场规则，交给聘请的职业经理人进行专业化运作。“科技成果转化信托投资基金”投资到具体的科技中介服务企业之后，主要通过企业的董事会发挥股东的作用，以股权投资方式来投资和管理企业，按市场方式决定投资、并购、撤资或抛售。科技中介服务企业对“科技成果转化信托投资基金”的责任，以及“科技成果转化信托投资基金”对政府的责任，主要体现在投资回报上。

二是加强体系建设，培育“科技成果转化生态系统”。并非简单地扶持出几家大型科技成果转化企业，就能补上科技成果转化的短板。在加强科技成果转化链条中端环节的过程中，应当以生态系统建设为着力点。在一个完整的科技成果转化生态系统中，既要有参天大树作为支撑，也要有高矮乔木相互辉映，还应该处处灌木丛生，以及遍地绿草盈盈。为此，可以考虑从以下四个方面，培育“科技成果转化生态系统”：其一，将是否建立健全专业化技术转移服务机构作为高校、科研院所的考核指标，并逐步从体制上提高这些技术转移服务机构在人、财、物等方面的独立性，使其参与市场竞争，实现企业化运作，积极争取“科技成果转化信托投资基金”等的股权投资；其二，引导高校、科研院所完善科技成果转化的全流程管理，进一步建立有利于促进科技成果转化的考核评价、职称评定、收入分配、激励约束等规章制度，以释放出科技成果转化的有效供给；其三，允许企业将委托科技中介服务企业开展的技术转移、知识产权管理等费用作为研发费用列支，享受研发费用加计扣除政策，以释放出科技成果转化的有效需求；其四，设立科技成果转化服务人才培养计划，建设若干个国家级技术转移人才培养基地，建立成果转化服务人才培养体系，以降低科技成果转化行业的人力资源成本。

三是完善产权体制，为大型科技成果转化公司“松绑”。针对知识产权碎片化管理的弊端，近年来一些地方积极探索知识产权管理“三合一”改革。比如，有些地方新设市场监督管理局，并加挂知识产权局牌子，实现了专利、商标、版权的“三合一”；有些地方通过先建立专利和版权“二合一”管理模式，再将商标管理职能从工商局划转知识产权局的“两步走”办法推进知识产权管理体制改革；有些地方新组建集专利、商标、版权管理和综合执法职能于一体的知识产权局，打造一体化的知识产权管理体系，依托知识产权联席会议加强部门间的联动协作，并与各开发区管委会逐一对接，同各街镇共建镇域知识产权特色服务站等。当然，在全国范围，目前可能并不完全具备“三合一”改革的推进条件。比如，将版权纳入知识产权局，必然涉及部分意识形态管理体制的变更，须展开更加细致的研究。可以考虑进一步扩大知识产权管理改革试点，在自由贸易港、自由贸易试验区、自主创新示范区和高新技术园区等全面试点知识产权统一管理，在一些科技实力雄厚的城市建设知识产权运营综合改革试验区，提炼出可复制、可推广的举措。

二、打造区域“升级版”离岸创新平台

近年来，我国积极探索试点“海外人才离岸创新创业基地”建设，多地设立离岸创新中心，但总体效果并不理想。离岸创新，指的是海外人才在“区内注册，海内外经营”的创新实践，通过团队将海外科技成果在国内转化，不一定直接到国内工作。作为中国科

协与部分省市的重要合作项目，我国自2014年探索试点“海外人才离岸创新创业基地”建设以来，已有10家国家级离岸创新创业基地，旨在为海外创新资源和国内孵化团队“牵线搭桥”，主要具有招才引智、创业孵化、专业服务保障等功能。

多地政府纷纷行动，在境外或境内创新活跃的城市设立离岸创新中心，帮助企业跟踪产业前沿技术，汲取高端创新资源。作为首批试点城市之一，上海市“建设海外人才离岸创业基地”已列入国务院印发的《上海系统推进全面创新改革试验加快建设具有全球影响力的科技创新中心方案》。上海市市委、市政府《关于加快建设具有全球影响力的科技创新中心的意见》也提出，“建设海外人才离岸创业基地，实施更加积极的人才政策，建立更加灵活的人才管理制度，优化人才创新创业环境，激发人才创新创造活力”。客观地看，发展离岸创新是大势所趋，但总体效果并不理想，主要有以下两个方面原因：

一是有关各方未形成合力，对离岸创新的引导作用不充分。在各地建设离岸创新中心的过程中，由于缺乏必要的跨行政区组织协调，导致重复建设和资源闲置问题十分突出，甚至相互拆台、互挖墙脚的现象也时有发生。急功近利令各地“一哄而上”，进而导致“一地鸡毛”。各地在建设离岸创新中心过程中普遍存在以下问题：其一，理念有偏差。多数地方政府过度关注如何把创新要素捞回来，没有在全球化视野下合理规划创新资源的国际化配置，以至于错失了大量优质资源，违背了离岸创新“区内注册、海内外经营”的本意。其二，认识不到位。普遍把离岸创新中心这种人才引进使用方式混同于多年来倡导的海外人才引进，把原有的海外院士工作站和专家工作站当作离岸创新中心，把与国外高校科研院所合作作为离岸创新中心的主要内容。其三，空间待清晰。没有提出明确的“离岸”与“在案”的分界线，离岸创新中心尚处于概念或虚拟概念阶段，导致设立离岸创新的初衷与实际结果相去甚远。

二是缺乏新型研发机构穿针引线，离岸创新的功能发挥受到制约。新型研发机构以市场需求为导向，通过技术研发、技术转移、项目孵化、人才培育等一体化服务，打通创新链、产业链和资本链，有效破解科技与市场“两张皮”问题，是发展离岸创新非常重要的载体。如深圳清华大学研究院与硅谷 Plugand Play 孵化器、旧金山 Read WriteLab 孵化器等机构合作共建创新中心，支持深圳创新企业在海外开拓业务。但从总体上看，多数离岸创新中心缺乏新型研发机构穿针引线，在一定程度上制约了离岸创新功能的发挥。同时，在现有创新体系中，传统科研机构比重很大，构成一个相对稳定的生态系统，其中位于最顶端机构的研究能力差异性不大，缺少外部能量的输入和扰动，导致整个系统难以自我进化。因此，需要培育一批真正具有系统扰动能力的新型研发机构，充分发挥“鲶鱼效应”，形成千帆竞渡、百舸争流的新气象，使整个创新生态系统通过自我进化达到新的均衡。

为此，可以长三角一体化发展国家战略为契机，打造区域“升级版”离岸创新平台。第一，多方联手、优势互补，会同苏浙皖三省共同打造长三角离岸创新基地。鉴于上海张江、北京中关村和深圳前海等已有先行探索，建议借鉴境外离岸管辖区的有益做法，在长三角一体化发展示范区，打造融入长三角地区、服务长江经济带、辐射全国的“升级版”离岸创新基地，进一步探索建立与世界接轨的柔性人才引进机制，为海外人才提供“区内注册、海内外经营”的载体，创造低成本、便利化、全要素、开放式、高起点配套的空间环境，引导海外优质人才和创新资源在长三角一体化示范区集聚发展。同时，放松对科研人员出入境管制，降低到岸转化成本。

第二，面向全球、整合资源，大力推进长三角海外创新中心建设。抢抓长三角一体化示范区建设机遇，尽快制定并出台长三角海外创新中心建设实施方案，在全球创新资源集聚的国家和区域，规划布局建设长三角海外创新中心。借鉴国际离岸管辖区“少而精”的特点，通过严格考察、加强审批、控制数量，提高海外创新中心建设的实效，充分发挥科技研发攻关的实质性作用。海外创新中心在享受财政运营补贴的同时，建议构建目标明确、运转高效、盈利模式清晰的运营机制，增强“自我造血”功能。

第三，借鉴经验、加大扶持，积极培育新型研发机构。借鉴国内成功案例和模式，加快培育一批对现有创新生态系统具有带动能力的新型研发机构，更好地对接和激活周边地区对离岸创新的需求。通过公开竞争机制，坚持唯能力的标准，而不是唯职称、唯论文、唯出身，选拔真正站在国际学科前沿的领军人才，组建具有实战力的离岸科研团队。立足长三角地区，面向全球集聚资源，争取与更多著名高校或大型研究机构合作，推动产学研深度融合。鼓励多种模式发展，关注不同阶段新型研发机构的诉求，提供个性化的服务，以“大而强”带动“小而美”，形成长三角地区的创新品牌。

第四，完善政策、大胆突破，为离岸创新人才创造更加便利、自由、宽松的创新环境。一方面，探索建立保税研发和跨境交易机制。探索电子围网的离岸研发模式，对所需的研发设备、研发材料实行保税，对结转环节进行保税监管，对离岸科技研发活动涉及的付汇，给予“事先承诺事后并联监管”便利，简化外资企业外汇资本金结汇手续。另一方面，促进海外高层次人才停（居）留便利化。打破国籍、户籍、地域、身份、人事关系等刚性制约，放宽海外高层次人才永久居留证申办条件，进一步简化申办流程。针对海外人才特点，探索人才咨询、培训、创业、服务的专业创新创业孵化服务。

参考文献

安体富、任强：《公共服务均等化：理论、问题与对策》，《财贸经济》2007 年第 8 期。

巴曙松：《转型时期中国金融体系中的地方治理与银行改革的互动研究》，《金融研究》2005 年第 5 期。

白重恩、杜颖娟、陶志刚、仝月婷：《地方保护主义及产业地区集中度的决定因素和变动趋势》，《经济研究》2004 年第 4 期。

陈璐、范红丽、赵娜、褚兰兰：《家庭老年照料对女性劳动就业的影响研究》，《经济研究》2016 年第 3 期。

陈明星、叶超、周义：《城市化速度曲线及其政策启示——对诺瑟姆曲线的讨论与发展》，《地理研究》2011 年第 8 期。

丁萌萌、徐滇庆：《城镇化进程中农民工市民化的成本测算》，《经济学动态》2014 年第 2 期。

樊纲：《腐败的经济学原理》，《发展》2005 年第 10 期。

范剑勇、莫家伟：《地方债务、土地市场与地区工业增长》，《经济研究》2014年第1期。

菲利普·阿吉翁:《寻求竞争力——对中国增长政策设计的启示》,《比较》2014年第5期。

付文林、沈坤荣:《均等化转移支付与地方财政支出结构》,《经济研究》2012年第5期。

傅勇、李良松:《金融分权影响经济增长和通胀吗——对中国式分权的一个补充讨论》,《财贸经济》2017年第3期。

高帆:《我国经济转型中的创新之谜》,《探索与争鸣》2017年第2期。

高培勇:《财税体制改革亟待定夺的四个方向性问题》,《光明日报》2013年8月16日。

高培勇:《以深化改革推进地方债步入新常态》,《光明日报》2014年9月10日。

龚锋、余锦亮:《人口老龄化、税收负担与财政可持续性》,《经济研究》2015年第8期。

国务院发展研究中心课题组:《农民工市民化进程的总体态势与战略取向》,《改革》2011年第5期。

国务院发展研究中心课题组:《新时期我国财政、货币政策面临的挑战与对策》,《管理世界》2014年第6期。

何德旭、苗文龙:《财政分权是否影响金融分权——基于省际分权数据空间效应的比较分析》,《经济研究》2016年第2期。

胡鞍钢:《分权是有底线的——前南斯拉夫分裂的教训与启示》,

《改革》1996年第3期。

贾康:《我国地方政府债务成因与化解对策研究》,《债权》2013年第9期。

蒋承、赵晓军:《中国老年照料的机会成本研究》,《管理世界》2009年第10期。

焦秀琦:《世界城市化发展的S形曲线》,《城市规划》1987年第5期。

金太军、袁建军:《政府与企业的交换模式及其演变规律——观察腐败深层机制的微观视角》,《中国社会科学》2011年第1期。

李恩平:《城市化时间路径曲线的推导与应用——误解阐释与研究拓展》,《人口研究》2014年第3期。

李猛、沈坤荣:《地方政府行为对中国经济波动的影响》,《经济研究》2010年第10期。

李猛、沈坤荣:《地方政府行为对中国经济波动的影响》,《经济研究》2010年第12期。

李猛:《厘清地方债务十大关系》,《金融评论》2015年第2期。

李猛:《人口城市化的财政代价及其形成机理——1960年以来的大国经验》,《中国工业经济》2016年第10期。

李扬、张晓晶、常欣:《中国国家资产负债表2013——理论、方法与风险评估》,中国社会科学出版社2013年版。

李扬:《中国地方政府债务问题探讨》,《科学发展》2014年第10期。

李永友：《我国财政支出结构演进及其效率》，《经济学季刊》2009 年第 1 期。

林毅夫、蔡昉、李周：《比较优势与发展战略——对〈东亚奇迹〉的再解释》，《中国社会科学》1999 年第 5 期。

刘世锦、任兴洲、王微：《关于服务经济发展的若干认识》，《科学发展》2010 年第 8 期。

楼继伟：《建立现代财政制度》，《人民日报》2013 年 12 月 16 日。

毛捷、管汉晖、林智贤：《经济开放与政府规模——来自历史的新发现（1850—2009）》，《经济研究》2015 年第 7 期。

潘家华、魏后凯：《中国城市发展报告：农业转移人口的市民化》，社会科学文献出版社 2013 年版。

屈小博、程杰：《地区差异、城镇化推进与户籍改革成本的关联度》，《改革》2013 年第 3 期。

沈坤荣、付文林：《税收竞争、地区博弈及其增长绩效》，《经济研究》2006 年第 6 期。

田国强：《林毅夫、张维迎之争的对与错》，《第一财经日报》，2016 年 11 月 23 日。

王国刚、张扬：《厘清债务关系支持地方长期债券市场发展——兼析地方政府性债务的政策选择》，《经济学动态》2014 年第 9 期。

王俊、龚强、王威：《老龄健康的经济学研究》，《经济研究》2012 年第 1 期。

王贤彬、谢小平、杨本建：《国有经济与城市规模分布演进》，

《经济评论》2014年第2期。

王旭：《大都市区的形成与发展：二十世纪中期以来世界城市化转型综论》，《历史研究》2014年第6期。

魏后凯：《中国城镇化进程中两极化倾向与规模格局重构》，《中国工业经济》2014年第3期。

魏守华、陈扬科、陆思桦：《城市蔓延、多中心集聚与生产率》，《中国工业经济》2016年第8期。

文军：《回到人的城市化——城市化的战略转型与意义重建》，《探索与争鸣》2013年第31期。

习近平：《毫不动摇坚持我国基本经济制度，推动各种所有制经济健康发展》，《人民日报》2016年3月9日。

杨灿明、鲁元平：《我国地方债数据存在的问题、测算方法与政策建议》，《财政研究》2015年第9期。

余华义：《城市化、大城市化与中国地方政府规模的变动》，《经济研究》2015年第10期。

袁富华：《长期增长过程的〈结构性加速〉与〈结构性减速〉——一种解释》，《经济研究》2012年第3期。

张国胜：《基于社会成本考虑的农民工市民化：一个转轨中发展大国的视角与政策选择》，《中国软科学》2009年第4期。

张维迎：《企业家与职业经理人：如何建立信任》，《北京大学学报》（哲学社会科学版）2003年第5期。

张锡恩：《从中央与地方关系看令行禁不止问题》，《人民论坛》

2012年第8期。

郑秉文:《欧债危机下的养老金制度改革——从福利国家到债务国家的教训》,《中国人口科学》2011年第5期。

中国经济增长前沿课题组:《中国经济增长的低效率冲击与减速治理》,《经济研究》2014年第12期。

周黎安:《中国地方官员的晋升锦标赛模式研究》,《经济研究》2007年第7期。

郑秉文:《欧债危机下的养老金制度改革——从福利国家到高债国家的教训》,《中国人口科学》2011年第5期。

Alesina, Alberto, and Romain, Wacziarg (1998), Openness, Country Size and Government, *Journal of Public Economics*, Vol.69 (3): 305—321.

Baran Paul., Sweezy P. (1966), *Monopoly Capital: An Essay on the American Economic and Social Order*. New York: Monthly Review Press.

Baumol, William (1967), Macroeconomics of Unbalanced Growth: The Anatomy of Urban Crisis, *American Economics Review*, Vol.57 (3): 415—426.

Buchanan, J., and R. Wagner: *Democracy in Deficit: The Political Legacy of Lord Keynes*, New York: Academic Press, 1997.

Cameron, David (1978), The Expansion of the Public Economy: A Comparative Analysis, *American Political Science Review*, Vol.72

（4）：1243—1261.

Careaga，M.，and B. R. Weingast，2003，*Fiscal Federalism，Good Governance，and Economic Growth*，in Dani Rodrik（eds.），In Search of Prosperity：Analytic Narrativeson Economic Growth，Princeton University Press.

Dunn B.（2011）Marxist Crisis Theory and the Need to Explain Both Sides of Capitalism's Cyclicity. *Rethinking Marxism*，Vol.23（4）：524—542.

Economakis G.，Anastasiadis A.，Markaki M.（2011）US Economic Performance from 1929 to 2008 in Terms of the Marxian Theory of Crises，with Some Notes on the Recent Financial Crisis. *Critique*，Vol.38（3）：465—487.

Edin，M.，2003，State Capacity and Local Agent Control in China：CCP Cadre Management from a Township Perspective，*China Quarterly*，173，pp.35—52.

Ettner，Susan，1996，The Opportunity Costs of Elder Care，*Journal of Human Resources*，1（31）：189—205.

Ferreira，F.，and J. Gyourko："Do Political Parties Matter? Evidence from U.S. Cities"，*Quarterly Journal of Economics*，2009，124（1）：399—422.

Fuchs，Victor（1968），The Service Economy，New York：Columbia University Press.

Getzen, Thomas, 1992, Population Aging and the Growth of Health Expenditures, *Journal of gerontology*, 47（3）: 98—104.

Glaeser, E: Urban Public Finance, *NBER Working Paper*, 2012.

Harvey P.（1983）, Marx's Theory of the Value of Labor Power: An Assessment. *Social Research*. 50（2）: 305—344.

Henrekson, Magnus（1993）, Wagner's Law: A Spurious Relationship, *Public Finance*, Vol.48（2）: 406—415.

Hitiris, Theo, and John, Posnett, 1992, The Determinants and Effects of Health Expenditure in Developed Countries, *Journal of Health Economics*, 11（2）: 173—181.

Heitmueller, Axel, 2007, The Chicken or the Egg? Endogeneity in Labor Market Participation of Informal Carers in England, *Journal of Health Economics*, 26（3）: 536—559.

Iskhakov, Fedor, 2010, Structural Dynamic Model of Retirement with Latent Health Indicator, *Econometrics*, 13（3）: 126—161.

Jain A.K., 2001, Corruption: A Review, *Journal of Economic Surveys*, 15（1）, pp.71—121.

Jaimovich, D., and U. Panizza: Public Debt around the World: A New Data Set of Central Government Debt, *Applied Economics Letters*, 2010, 17（1）: 19—24.

Jeanne, O., and G. Anastasia: Government Debt in Emerging Market Countries: A New Dataset, *IMF Working Paper*, 2006.

Jetter, M., and C.Parmeter: Does Urbanization Mean Bigger Governments, *Documentos de trabajo Economía y Finanzas*, 2013.

IMF, 2011, *Public Sector Debt Statistics: Guide for Compilers and Users*, Washington, D.C.

Matteo, Livio, 2005, The Macro Determinants of Health Expenditure in the United States and Canada: Assessing the Impact of Income, *Age Distribution and Time*, *Health Policy*, 71（1）: 23—42.

Northam, *R*: *Urban Geography*, New York: Wiley, 1979.

O'Connor J.（1973）The Fiscal Crisis of The State, New York: S.T.Martin's Press.

Qian, Y. and G. Roland, 1998, "Federalism and the Soft Budget Constraint", *American Economic Review*, 97, pp.265—284.

Reinhart, C., and K. Rogoff: From Financial Crash to Debt Crisis, *American Economic Review*, 2011, 101（5）: 1676—1706.

Reinhart C.M., Rogoff K.S.（2011）Growth in a Time of Debt. *American Economic Review*, Vol.10（2）: 573—578.

Resnick S., Wolff R.（2010）The Economic Crisis: A Marxian Interpretation. *Rethinking Marxism*, Vol.22（2）: 170—186.

Rodden, J., 2002, The Dilemma of Fiscal Federalism: Grants and Fiscal Performance around the World, *American Journal of Political Science*, 46, pp.670—687.

Rodrik, Dani（1998）, Why Do More Open Economies Have

Bigger Governments, Journal of Political Economy, Vol.106 (5): 997—1032.

Samuelson P. (1957), Wages and Interest: A Modern Dissection of Marxian Economic Models. *American Economic Review*, 67 (6): 884—912.

Shleifer, A and R.W Vishny, 1993, "Corruption", *Quarterly Journal of Economics*, 108, pp.599—618.

Tiebout, C: A Pure Theory of Local Expenditure, *Journal of Political Economy*, 1956, 64 (5): 416—424.

United Nations: Methods for Projections of Urban and Rural Population, *Population and Development Review*, 1975, 1 (2): 320—331.

Werblow, Andreas, Stefan, Felder, and Peter, Zweifel, 2007, Population Ageing and Health Care Expenditure: A School of Red Herrings? *Health Economics*, 16 (10): 1109—1126.

Wildasin, D: Urban Public Finance, Chur: Harwood Academic Press, 1986.

Zweifel, Peter, Stefan, Felder, and Markus, Meiers, 1999, Ageing of Population and Health Care Expenditure: A Red Herring, *Health Economics*, 8 (6): 485—496.

图书在版编目(CIP)数据

政府债务研究/李猛著.—上海:上海人民出版
社,2020
ISBN 978-7-208-16482-6

Ⅰ.①政… Ⅱ.①李… Ⅲ.①国债-研究 Ⅳ.
①F810.5

中国版本图书馆 CIP 数据核字(2020)第 086384 号

责任编辑 吕桂萍
封面设计 谢定莹

政府债务研究
李 猛 著

出 版 上海人民出版社
(200001 上海福建中路 193 号)
发 行 上海人民出版社发行中心
印 刷 上海商务联西印刷有限公司
开 本 720×1000 1/16
印 张 15
插 页 2
字 数 148,000
版 次 2020 年 6 月第 1 版
印 次 2020 年 6 月第 1 次印刷
ISBN 978-7-208-16482-6/F·2633
定 价 70.00 元